인터뷰로 만나는 태국 민주주의

인터뷰로 만나는 태국 민주주의

초판 1쇄 발행 2025년 11월 7일

지은이 이정우
펴낸이 강수걸
편집 이소영 강나래 오해은 이선화 이혜정 유정의 한수예
디자인 권문경 조은비
펴낸곳 산지니
등록 2005년 2월 7일 제333-3370000251002005000001호
주소 부산시 해운대구 수영강변대로 140 BCC 626호
전화 051-504-7070 | 팩스 051-507-7543
홈페이지 www.sanzinibook.com
전자우편 sanzini@sanzinibook.com
블로그 sanzinibook.tistory.com

ISBN 979-11-6861-530-4 03340

아시아총서 51

인터뷰로 만나는
태국 민주주의

청년 세대의 정치 참여와 좌절,
희망에 관한 에세이

이정우 지음

산지니

여는 글

지금부터 적는 이야기는 필자가 태국 쫄라롱껀대 정치학부에 방문연구원으로 있으면서 경험한 것이다. 필자는 태국 정치를 공부한다고 생각하기 이전까지 태국을 한 번밖에 가보지 못했다. 심지어 관광도 아니었고 아시아민주주의네트워크(Asia Democracy Network)와 5·18기념재단의 초청으로 민주주의 관련 활동을 다녀온 것이다. 그때 만난 세 명의 태국 활동가들은 나에게 큰 영감을 주었다. 그들은 2020년부터 2021년까지 왕실 개혁 운동의 중심에서 활동하였고, 두 명은 이른바 왕실모독죄로 알려진 태국 형법 제112조에 의해 기소를 당하거나 조사를 받고 있었다. 태국 형법 112조는 "국왕, 왕비, 왕세자를 비방하거나 위협한 자는 3년에서 최고 15년까지 형이 선고될 수 있다"고 명시하고 있다. 그들과 이야기를 나누면서 태국에 관심이 생겼고 직접 공부해야겠다는 생각이 들었다. 그들은 왕실 개혁 운동에 적극적이었고 눈빛이 뜨거웠다. 필자에게 태국은 관광의 목적지가 아니라 친구들이 살면서 민주주의를 위해 노력하는 장소이다.

2024년 12월, 대한민국에서 계엄이라는 비상식적인 상황이 일어나기 이전까지 대한민국 20대는 그야말로 정치적 무관심의 대명사였다. 학생 사회도 쇠퇴하고 있었고 경제도 어려워 일자리 찾기도 힘들었다. 그들은 치열하게 살기 바쁘니 분명 정치에는 관심이 없었을 것이다. 그러나 정치는 우리의 삶을 결정한다. 정치인들이 만드는 법률과 정책은 우리 삶의 테두리를 결정하는 데 아주 주요하다. 이러한 법률과 정책이 어떻게 만들어지는가를 감시하는 것은 끊임없는 숙제이다. 필자는 한국의 20대에게는 없는 정신을 태국에서 발견할 수 있지 않을까 하는 생각이 들어 태국에 꼭 직접 가고 싶었다. 그렇게 태국에 발을 들였다.

본래 필자는 왕실모독죄에 반대하고 개혁을 외치는 젊은이들의 경험을 보기 위해 갔었고, 그들의 특이점을 바탕으로 연구 질문을 도출하고 싶었다. 그러나 인터뷰를 가지고 논문을 쓰는 것보다 인터뷰의 내용을 대중에게 알리는 것이 더 중요하다고 생각했다. 왜냐하면 왕실 개혁을 외치는 시위대의 기반이 크게 약해졌기 때문이다. 개혁을 외치는 사람들은 감옥에 가거나 망명을 가거나 둘 중의 한 상황에 놓일 만큼 열악해졌다. 그들의 슬픔과 좌절, 분노, 희망의 감정을 제물로 박사학위논문을 쓸 수 없었다. 그래서 논문 대신 에세이의 형태로 먼저 인터뷰를 공개하기로 마음먹었다.

태국은 2019년과 2020년 왕실 개혁 운동이 떠오르기 이전까지 심각한 정치적 양극화에 직면하고 있었다. 대표적인 인물로 탁신 친나왓이라는 정치인이 그 중심에 있었다. 탁신은 가난하고 낙후한 농촌의 유권자로부터 인기를 얻었고, 왕실에 대적하는 대안으로 부상했다. 왕실을 지지하는 보수주의 세력은 탁신 세력과 대립각을 세웠는데, 그 결과로 왕실을 대표하는 노란색(옐로) 셔츠와 탁신을 지지하는 빨간색(레드) 셔츠의 시위에 의한 대립이 지속되었다. 왕실과 군부는 오랫동안 밀월 관계를 유지하면서 강력한 권력을 유지하였는데, 마음에 들지 않는 정치인이 나타날 때마다 군부는 쿠데타를 일으켰다. 태국군은 쿠데타를 일으키고 왕실로부터 정통성을 얻는다. 2006년과 마지막으로 일어난 2014년 쿠데타는 친나왓을 겨냥한 것들이었다. 옐로 셔츠는 쿠데타를 지지하며 탁신을 몰아내는 데 일조하였고 레드 셔츠는 탁신 축출에 반대하고 의회 정치를 지키기 위한 운동에 나섰다. 2000년대와 2010년대는 옐로-레드의 충돌으로 점철되었다.

그러다 새로운 인물이 등장하며 태국에 새로운 바람을 불어넣었으니, 타나턴 쭝릉르엉낏이라는 정치인이었다. 그는 기업인 출신으로 노란색과 빨간색을 섞은 오렌지색을 내세우면서 젊은 세대의 인기를 한 몸에 받았다. 정당 이름도 태국어로 '아나콧마이', 한국어로 '새로운 미래'였다. 태국어로는 색깔로 '오렌지 정당(팍쏨)'이라고도 부른다. 그런데 타나턴이 이끄는 오렌지 정당은 탁신 계열에게도, 군부에게도 눈엣가시였다. 그들은 군부 주도의 헌법 개정과 군부 개혁을 요구했기 때문이다. 한국은 헌법재판소가 독립 기관이고 헌법 수호의 마지막 보루 역할을 하고 있지만 태국은 그렇지 않다. 아나콧마이당은 2019년 총선에서 81석을 확보해 약진하였으나, 총선 이후에 군부로부터 정치보복을 받았다. 특히, 당 규정에 국왕을 중심으로 한 민주주의보다 헌법을 중심으로 한 민주주의 문구를 적시했다는 이유로 소송을 당하기도 하였다.[1] 이후, 선관위는 타나턴 대표가 당에 자금을 빌

려준 것을 정당법 위반으로 보고 헌법재판소에 정당해산 심판을 청구했고, 2020년 2월 해산되었다.[2]

아나콧마이당이 해산된 2020년 2월, 수많은 젊은이들이 거리로 몰려나왔다. 그들은 모두 그들의 희망이 짓밟혔다고 생각했다. 인터뷰를 통해서도 이를 확인할 수 있었는데, 그들은 아나콧마이당이 새로운 미래를 가져오며 태국 정치의 개혁을 이끌 것으로 믿고 있었다. 그렇게 정당이 해산된 이후 아나콧마이당 소속 정치인들은 까우끌라이당으로 당명을 바꾸고 당을 재건하였다. 수많은 젊은이들은 까우끌라이당을 지지했고 그 중심에는 당대표였던 피타 림짜른랏이 있었다. 피타는 당시 젊은이들의 화두였던 왕실 개혁을 공약의 전면에 내세웠고, 까우끌라이당은 2023년 총선에서 이변을 일으키며 제1당으로 도약하였다.

그러나 제1당이 된 까우끌라이당은 집권할 수 없었다. 군부와 탁신 계열의 정당인 프어타이당이 왕실 개혁과 왕실 모독죄에 관한 형법 개정에 동의하지 않았기 때문이다. 까우끌라이당이 총리 지명에 실패하자 프어타이당이 군부와 손을 잡고 집권했다. 그리고 2024년 8월, 까우끌라이당의 주장이 태국의 왕실과 안보를 위협한다는 이유로 헌법재판소는 당의 해산을 명령했다. 까우끌라이당은 태국 사회에서 유일하게 왕실 개혁을 공약으로 내세우면서 변화에 대한 청년들의 열망을 대변하는 정당이었다. 태국의 보수 엘리트층은 이를 위기로 받아들였고 그들과 결탁한 헌법재판소는 결국 정당을 해산해버렸다. 그 이전인 2020년에 까우끌라이당의 전신인 아나콧마이당이 해산된 것도, 보수층과 군부가 이를 눈엣가시로 생각했기 때문이다.

2020년 2월을 다시 기억해보면 아나콧마이당의 해산 이후 이를 반대하는 젊은이들의 시위가 태국 전역에서 일어났었다. 그런데 그 후신인 까우끌라이당은 해산되었음에도 불구하고 시위가 일어나지 않았다. 그리고 까우끌라이당은 아나콧마이당이 재건되었듯이 이름을 쁘라차촌당으로 바꾸어 재창당하였다. 그렇지만 의아했다. 2020년과 다르게 2024년에 왜 시위가 일어나지 않았을까? 혹시 활동가들에게 무슨 일이 있었던 것일까?

까우끌라이당의 대표였던 피타 림짜른랏은 한국을 비롯한 전 세계에 강연을 다니면서 태국 민주주의의 중요성에 관해 설파했다. 한국 뉴스에서도 까우끌라이당의 활동에 대한 조명을 많이 볼 수 있었다. 필자는 태국에 가기 전까지만 해도 활동가들이 까우끌라이당 세력과 함께 왕실 개혁을 위해 단일 대오로 활동하는 줄 알았다. 그런데 시위도 일어나지 않고 조용해서 무언가 문제가 있을 것이라 예상했다. 태국의 역사를 돌이켜보면 변곡점의 시기에 언제나 큰 시위와 많은 사람이 희생되는 사건들이 있었기 때문이다. 그래서 태국에 직접 간다면 시위를 하는 사람들을 만나서 물어보고 싶었다. 지금의 정치 상황을 그들이 어떻게 인식하고 있는지 궁금했다. 아나콧마이당과 까우끌라이당의 차이, 그리고 해산 이후 설립된 후신인 쁘라차촌당을 어떻게 생각하는지 궁금했다. 활동가들이 두 당 사이의 차이점을 느끼는지, 그리고 그에 따라 시위가 발생하는 빈도가 차이 나지는 않는지 알고 싶었다. 또한, 태국 민주주의의 미래를 어떻게 예상하는지 묻고 싶었다.

이 책은 그렇게 수행한 인터뷰의 내용을 담았다. 인터뷰 내용을 보고하기 이전에 태국의 정치적 배경을 설명하고 인터뷰 질문을 만드는 과정에 대해 간단히 적었다. 또한, 인터뷰에서 발견한 점들을 소개했다. 이러한 서술들이 태국뿐만 아니라 동아시아에서 민주주의 연대 활동을 하는 사람들에게 도움이 되기를 바란다. 현재 활동가들이 무엇을 느끼고 있는지 그리고 그들을 어떻게 도우면 좋을지에 대한 작은 실마리가 될 수 있기를 바란다. 현재에도 망명을 타진하고 있는 활동가들의 행복을 빌며 이 책을 썼다.

이 인터뷰가 수행되는 데에 많은 분의 도움을 받았다. 태국 쫄라롱껀대학의 방문연구원으로 초청해주신 반딧 짠로짜나낏 교수님께 진심으로 감사드린다. 인터뷰를 수행하는 동안 활동가들의 좌절과 체념을 관찰하는 것이 너무 힘들었는데, 반딧 선생님의 정서적 지지가 없었으면 불가능했다. 또한, 인터뷰 대상자를 섭외하는 과정에서 도와준 시민권리증진재단(People's Empowerment Foundation)의 나의 오랜 친구 돈(Don)과 연구 보조원 조셉(Joseph)에게 감사하다. 또한, 늘 연락하며 태국의 상황에 대해 함께 토론해주는 친구들, 특히 찰리(Charlie)에게 감사를 표한다. 활동가 여러분과 대화를 나눌 수 있어서 영광이다.

아울러 항상 연구를 응원해주시는 존경하는 고려대학교 아세아문제연구원 손기영 교수님, 정치외교학과 주형민 교수님, 전북대학교 전제성 교수님, 원고 작성을 지지해주시는 민주화운동기념사업회 김찬호 팀장님, 국제민주연대 나현필 사무국장님, 아시아민주주의네트워크의 서수연 팀장님, 하인리히 뵐 재단의 필립님, 5·18기념재단의 글로컬센터 이해원 부장님, 김보형 선생님, 김혜선 선생님, 그리고 나의 친구 노건우, 유도은, 민주노총 공공운수노조 전국대학원생노동조합지부의 초대 지부장 구슬아님에게 감사하다.

또한, 이 책의 내용에 관해 의견을 교환한 미국 위스콘신-매디슨 대학의 티렐 하버콘 교수님, 캐나다 맥길 대학의 에릭 쿠혼타 교수님, 나의 좋은 친구이자 연구 주제로 항상 열렬히 토론해주는 아카닛 허랏따나쿤 박사, 한국외대 박사과정 박혜원, 캐임브리지대 박사과정 하채균에게 감사하다.

태국 학계에서 좋은 길잡이가 되어주시는 아세안대표부 서정인 전 대사님, 부산외대 태국학과 이미지 교수님, 옹지인 교수님께도 감사를 드린다. 항상 마음의 든든한 벗이 되어주는 김현경 선생님, 부경환 선생님, 조영묵 박사님, 김경민 선생님, 김진원 선생님, 박준영 박사, 전경진 선생, 변규덕 선생, 조규린 선생, 강민주 선생에게 감사하다. 박사과정을 지속할 수 있게끔 도와주시는 사랑하는 부모님, 그리고 나와 항상 책 내용을 이야기하며 함께해준 나의 짝꿍 장영수에게 감사를 표한다.

2025년 5월
이정우

차례

태국의 정치적 배경

대부분의 독자에게 태국은 관광의 나라로 기억될 것이다. 코로나 이후로 주춤하기는 했지만, 대외경제정책연구원 자료에 따르면 그 이전인 2019년을 기준으로 GDP의 18%를 관광 부문이 기록하였으니 태국에서 관광은 큰 부분을 차지한다. 2024~2025년에는 코로나 이전 수준을 회복할 것으로 예상되었으며 태국 정부는 2024년 방문 관광객을 4천만 명으로 예측하였다.[3] 필자의 지인들도 다수가 태국에서 한 달 살기를 하러 간다고 했으니 태국은 관광객들에게 정말 매력적인 목적지임에는 틀림없다. 그러나 필자가 지켜본 모습은 달랐다. 매력적인 관광지의 모습 뒤에는 정치적 대립과 탄압이 가득했다.

태국의 정치 제도에 대해 간단히 설명하고자 한다. 태국은 입헌군주국이면서 의원내각제를 채택하고 있다. 형식상으로 군주는 군림은 하되 통치하지 않는다. 통치는 국민의 투표를 통한 선거로 선출된 정치인을 통해 이루어진다. 의원내각제는 국회와 대통령의 행정부가 분리되어 있는 대통령제와는 달리, 선거 결과에 따라 의석수 1위 정당, 혹은 다수 의석을 이루는 정당 연합이 총리를 선출하고 행정부를 구성한다.

태국은 또한 양원제의 의회를 채택하고 있다. 한국은 국회가 하나여서 단원제이다. 태국 의회는 하원과 상원의 2개 구조다. 하원의 임기는 4년, 상원의 임기는 5년이다. 2014년 쿠데타 이후, 2019년과 2023년에 각각 하원 선거를 시행하였다. 상원은 2014년 이후에는 잠시 폐지되었다가 2019년에 부활하면서 군부가 임명하는 250명의 의원으로 구성되었다. 그러다 5년의 임기가 지나 현재는 간접 선거의 방식으로 선출되는 200명 정원이 자리 잡았다. 최근 상원 선거는 2024년에 시행되었다.

2020년, 젊은 사람들의 시위가 본격적으로 일어나기 이전의 상황부터 살펴보자. 태국 정치를 설명할 때 탁신 친나왓을 빼고 이야기할 수 없다. 탁신은 1994년에 정계에 진출한 성공한 사업가였다. 1998년 타이락타이당을 창당하고 북부와 북동부의 농촌에 대한 경제 정책, 저소득층을 위한 건강 보험 제도를 확충하면서 인기를 얻었다. 그러면서 엘리트 정치인 중심의 지도에 변화를 가져왔다. 문제는 탁신의 인기가 왕실과 충돌하게 되면서부터였다. 탁신은 북부와 북동부의 저소득층의 인기를 얻었는데, 이것이 엘리트들, 그리고 수도 방콕의 중산층과 멀어지게 된 계기가 되었다.

필자가 학생들에게 태국정치사를 강연할 때, '태국' 하면 생각나는 것이 무엇이냐고 물어보면 그중 하나가 쿠데타이다. 1932년부터 쿠데타가 반복적으로 일어났는데, 부산외대 옹지인 교수의 논문에 따르면 지금까지 19번이나 일어났다.[4] 쿠데타가 이렇게 많이 일어난 원인에 대해서 학자들은 왕실과 군부의 결탁을 꼽는다. 왕실과 충돌하는 정치인을 군부가 쿠데타로 제거하면 국왕이 승인하는 방식이 반복된 것이다. 군부는 왕을 위한다는 명분으로 정치인을 축출해왔다. 탁신은 가난한 농촌의 유권자를 중심으로 인기를 얻었고, 이는 왕실이 위기를 느끼게끔 했다. 2006년 쿠데타는 왕실에 위협되는 탁신을 제거하는 사건이었다.[5]

2006년 쿠데타가 일어났을 때 태국의 중산층은 군부를 반겼다. 방콕의 중산층이 탁신을 좋아하지 않았던 이유는 그가 방콕의 중산층보다는 북부와 북동부의 농민을 기반으로 인기를 얻었기 때문이었다. 이렇게 탁신을 몰아낸 군부를 지지하는 아이러니함을 두고 쭐라롱껀대의 까녹랏 렛추싸꾼 교수는 "태국 중산층의 역설"이라 일컬었다.[6] 그들은 왕을 상징하는 색인 노란색 셔츠를 입고 나와 친왕실, 친군부 시위를 했다. 이후 탁신을 지지하는 세력은 빨간색 셔츠를 입고 나와 시위를 벌였다. 이른바 "옐로 셔츠"와 "레드 셔츠"의 대립이 시작된 것이다. 2006년 쿠데타 이후, 2011년에 총선이 있었으나 그때는 탁신의 동생인 잉락 친나왓이 당을 이끌면서 승리했다. 2014년에 일어난 쿠데타는 탁신의 동생을 비롯한 그 세력을 몰아내기 위한 것이었다. 그렇게 2019년 총선이 있을 때까지 군부 정권이 지속되면서 태국 사회는 보수주의를 상징하는 옐로와 탁신을 지지하는 레드 사이의 심각한 양극화를 경험하고 있었다.

이런 태국 역사를 들여다보면 자연스레 드는 의문이 있다. 그렇다면 군부는 왜 왕실을 배신하지 않는가? 군부는 왕실을 등지면 대중으로부터 더 많은 인기를 얻고 권력을 얻을 수 있지 않을까 하고 생각할 수 있기 때문이다. 이러한 역사를 살펴보기 위해서 과거로 거슬러 올라가 보자.[7] 1932년, 개혁 세력은 군부와 손을 잡고 절대왕정을 무너뜨렸다. 개혁 세력은 카나랏사돈(한국어로 번역하면 국민당)이라는 이름을 가지고 있었다. 그들은 절대왕정을 무너뜨렸어도 왕실과의 관계를 단절할 수는 없었다. 왕실은 근대화를 이끌고 태국의 중심을 형성하는 상징이었기 때문이다. 그들은 혁명에 성공하고도 헌법에 대한 명분을 왕실로부터 얻었다. 헌법을 왕으로부터 하사받는 형식으로 마무리했다. 그러나 카나랏사돈은 마하 8세인 아난타 마히돈 국왕의 갑작스러운 죽음과 함께 실각했다. 마하 8세의 죽음에 카나랏사돈의 책임이 있다는 국민적 원성이 있었기 때문이다. 카나랏사돈을 몰아내는

1947년 군부 쿠데타 이후부터 태국 정치의 악순환이 시작되었다.

그렇게 1970년대 중반까지 군부의 통치가 지속되는 사이, 공산주의의 영향력이 태국에 다가오자 왕실은 학생 운동과 공산주의를 탄압하기 시작한다. 이는 미국의 반공을 중심으로 한 대외정책의 일부이기도 했다.[8] 그렇게 발생한 사건이 1976년 10월 탐마삿대학에서 일어난 학살이다. 특히 왕실과 군부의 네트워크를 형성하게 된 것이 바로 쁘렘 띤술라논 장군이 총리에 지명되면서부터였다. 국왕과 가까웠던 쁘렘 장군은 군을 통제하면서 총리가 되어 국왕의 권력을 등에 업고 통치하기 시작했다. 그는 1988년까지 총리를 맡았고, 이후에는 추밀원의 의장이 되었다. 추밀원은 왕에 대한 자문 기구로 추밀원장은 국왕의 유고 시에 섭정을 수행할 권한이 있다. 쁘렘은 2005년까지 추밀원장으로 재직하면서 국왕과 군부 사이의 관계를 대표하는 역할을 하였다. 이렇게 형성된 왕실-군부 관계를 두고 정치학자인 던컨 맥카고는 네트워크 왕실(network monarchy)이라 일컬었다.[9]

최근 왕실모독죄로 기소되고 체포된 바 있는 태국 나레수안대학(Naresuan University)의 미국인 학자 폴 체임버스(Paul Chambers)는 왕실-군부와 민간 선출 권력 간의 충돌을 두고 평행선 국가(Parallel State)라고 지칭하였다.[10] 왕실-군부의 밀월 관계가 국가의 한 귀퉁이를 지탱하고 있고 민간의 선출 권력이 나머지를 담당하는 것이다. 그러나 두 권력에게 서로 제도적으로 견제할 수 있는 장치는 없다. 왕실-군부가 시민에 의한 선출 권력이 마음에 들지 않으면 친위 쿠데타로 축출한 뒤에 헌정 질서를 다시 세우는 사건의 반복이 태국 정치사의 악순환이었다.

그런 때에 2019년 총선을 앞두고 나타난 정당이 바로 아나콧마이당이다. 아나콧마이당은 태국어의 미래를 뜻하는 "아나콧"과 새로운을 뜻하는 "마이"가 합쳐진 이름의 정당이다. 영문명은 Future Forward여서 언론에서는 "미래전진당" 혹은 "신미래당"으로 번역한다. 처음엔 왕실 개혁을 공약으로 들고 나오지 않았지만 2014년부터 계속된 군부 통치를 비판하고 헌법 개정을 내세우며 젊은 세대의 인기를 끌었다.[11] 그들은 레드와 옐로를 섞은 오렌지를 상징으로 내세우며 새로운 미래를 약속했다. 특히 아나콧마이당을 지지하는 이들은 젊은이들, 2019년 총선을 기점으로 2014년 쿠데타 이후 한 번도 선거에서 투표해본 적이 없는 젊은 유권자들이었고 농촌에서 도시로 모여든 노동자들이었다. 2019년 그들은 하원 선거에서 81석을 얻으며 태국 정치에 혜성과 같이 등장했다.

군부의 눈에 이렇게 등장한 아나콧마이당이 탁신 계열의 정당과는 다른 의미에서 눈엣가시로 들어왔을 것이다. 탁신을 몰아내려고 쿠데타를 감행했는데 갑자기 새로운 정당이 위협으로 다가왔으니 말이다. 그래서 2020년, 아나콧마이당의 당대표였던 타나턴 쯩룽르엉낏의 행위를 문제 삼으며 헌법재판소는 정당법 위반을 이유로 당을 해산해버렸다. 필자가 인터뷰를 수행한 시위 참여자들은 모두 아나콧마이당을 "희망"으로 표현하였다. 아나콧마이당은 새로운 미래의 시작이었다. 그런 정당이 해산되었으니 얼마나 절망적이고 실망스러웠을까. 군부에 대한 비판, 아나콧마이당 해산에 대한 규탄을 포함한 울분은 젊은 사람들을 거리 시위로 이끌었고 그런 분위기에서 2020년이 시작되었다.

아나콧마이당이 해산되고 당대표의 피선거권은 10년간 박탈되었다. 그 이후 하원 의원들은 다른 당으로 옮겨 재창당을 하게 된다. 그렇게 등장한 정당이 까우끌라이당(영문명 Move Forward Party)이었다. 까우끌라이당은 2020년 이후 거리 시위대의 중심에 있었던 주제인 왕실 개혁을 전면으로 내세우며 인기를 끌었다. 특히 형법 112조에 대한 개정을 걸고 2023년 총선에 임했다. 한국에도 방문해서 강의를 한 바 있는 까우끌라이당의 피타 림짜른랏 대표는 태국의 새로운 세대를 대표하는 아이콘이었다. 사람들은 2023년 선거에 희망을 걸었고, 2022년부터는 거리 시위의 수가 감소세로 접어들면서 선거를 비롯한 의회 정치에 집중하는 양상을 띠게 되었다.

그렇다고 해서 까우끌라이당이 2023년 선거에서 제1당이 될 것이라고 예측한 언론은 없었다. 모두 탁신 계열의 프어타이당이 1위를 할 것이라 예상하였는데 이변을 만들었고 피타는 총리 후보로 발돋움하였다.[12] 그러나 그는 총리로 선출되지 못하고 군부에 의한 방해로 좌절을 맞게 된다. 하원의원 500명과 상원의원 250명의 3분의 2 이상 찬성을 얻어야 하는데, 군부가 지명하는 상원이 피타를 지지하지 않았다. 또한, 하원에서도 충분한 의석을 확보하지 못하면서 총리 지명에 실패한 것이다. 이것이 끝이 아니었다. 형법 112조를 비롯한 왕실 개혁 의제가 태국 헌법과 안보에 위해된다는 보수주의자들의 주장이 헌법재판소에 사안으로 올라가게 되었다. 헌법재판소는 지난 2024년 8월 까우끌라이당의 해산을 명령했다.

정치적 배경에 대한 검토를 마무리하기 이전에 다루어야 할 질문이 두 가지 더 존재한다. 첫째, 다른 개혁도 많은데 왜 하필 왕실인가? 노동, 젠더 이슈 등도 많은데 왜 왕실 개혁인가? 둘째, 현재도 왕실, 군부가 원하는 사람들이 집권한 상황이 아닌데 추가 쿠데타의 가능성은 없는가? 우선 첫째 질문부터 다루어보자면, 왕실 개혁에 대한 국민의 요구는 늘 존재하여왔다. 수면 밑에서 보이지 않게 다루어져 왔을 뿐이다. 그러다 처음으로 2020년 8월에 현재 수감되어 있는 변호사 아논 남파가 이끄는 해리포터를 주제로 한 시위에서 왕실에 관한 문제 제기가 수면으로 떠올랐다.[13] 그 이전에도 학교에서 왕에 대한 경례 거부, 병역에 대한 양심적 거부 등의 운동은 존재했다. 왕실에 대한 직접적인 언급이었다기보다는 태국 사회에 존재하는 권위주의에 대한 비판이었다. 그러한 운동의 대표적인 인물로 쭐라롱껀대학의 학생회장 출신인 네띠윗 초띠팟파이싼을 들 수 있다.

아나콧마이당이 해산되고 난 뒤의 문제는 군부가 시민 선출 권력을 그닥 존중하지 않는다는 것이었다. 젊은 사람들이 열렬히 지지하는 아나콧마이당의 해산은 그들에게 절망을 안겨다 주었다. 그러면서 왕실 개혁 의제가 수면으로 드러나기 시작했다. 본질은 활동가들이 다른 개혁들보다도 왕실에 대한 개혁이 민주주의의 개선과 시작이라고 보았다는 것에 있다. 다른 운동에 대한 집중도 중요하지만 때로는 그것이 민주주의에 대한 연대에 균열을 일으키기도 하였다.

예컨대, 성소수자 단체, 특히 방콕 프라이드는 2020~2021년 시위의 선봉에 있었다. 그러나 최근 프어타이당과 적극적으로 협상에 나서고 동성혼 법제화를 이끌면서 왕실 개혁 운동과 결별하게 되었다. 아이러니하게도 집권 여당인 프어타이당이 방콕 프라이드의 의견을 받아들여 태국의 민주주의가 발전하는 것처럼 보이게 된 것이다. 방콕 프라이드 역시 자신들이 프어타이당과 정치적 협상을 통해 쟁취하였다고 발표하였고[14] 오렌지 정당 및 활동가들과는 거리를 두었다. 분명 법제화 자체는 긍정적인 일이지만 태국이 민주적으로 더 나아졌다는 분석을 하는 착각을 범하여서는 안 된다. 오히려 정치학에서 두루 사용되는 민주주의의 질을 측정하는 단체들은 태국 민주주의의 질이 후퇴하였다고 보고 있다.[15] 이처럼 각 운동에 대한 집중과 선택적 입법 전략은 근본적인 태국 민주주의를 위한 운동의 동력을 떨어뜨리고 있다.

이제 두 번째 질문에 대한 논의로 넘어간다. 추가 쿠데타의 가능성에 대한 것이다. 현재는 가능성이 희박하다. 가장 큰 요인은 군부가 과거의 경험을 받아들인 것이라 볼 수 있다. 2005년 총선에서 탁신의 정당은 전체 하원 의석의 60% 이상을 장악했으나 쿠데타로 실각하였다. 탁신계 정당은 이후 총선에서도 승리하였으나 군부가 쿠데타를 다시 2014년에 감행한 것이다. 군부에게 유리하게 헌법을 개정하여 2019년 총선에서는 군부 세력이 겨우 승리하였으나 2023년 총선에서 다시 참패하게 되었다. 따라서 쿠데타-총선-쿠데타-총선의 반복으로는 군부가 항구적인 권력을 잡을 수 없다는 교훈을 얻었을 것이다. 또한, 왕실 개혁을 직접적으로 요구하는 오렌지 정당이 등장하면서 군부는 민심을 확보하기 위한 대안을 찾아야 했을 것이다. 필자는 탁신의 프어타이당과 군부 정당의 연합이 이러한 배경에서 나왔다고 생각한다.

쿠데타를 반복하여 선거에서 패배하는 시나리오를 반복하는 것보다 해산과 처벌로 오렌지 정당을 협박하고 포섭하는 편이 군부에 더 나은 전략이다. 실제로 오렌지 정당은 2024년 까우끌라이당 해산 이후 왕실 개혁 의제에 침묵하고 있으며 활동가들과도 거리를 두고 있다. 또한, 2025년 2월 15일 월간지 〈마띠촌〉의 보도에 따르면 국가부패방지위원회는 형법 112조 개정에 찬성한 전현직 까우끌라이당 의원 44명을 소환하였다.[16] 이것이 곧 그들의 의회 의원 자격 박탈로 이어질 수 있다는 예측도 나오고 있는데, 결국 해산과 자격 박탈로 오렌지 정당의 침묵이 계속되고 있는 것이다. 다음 선거에서 오렌지 정당이 승리하더라도 왕실 개혁 의제로는 이어지지 않을 것이라는 예측이 가능한 이유다.

[도표1]

태국 진보 정당의 변화 과정

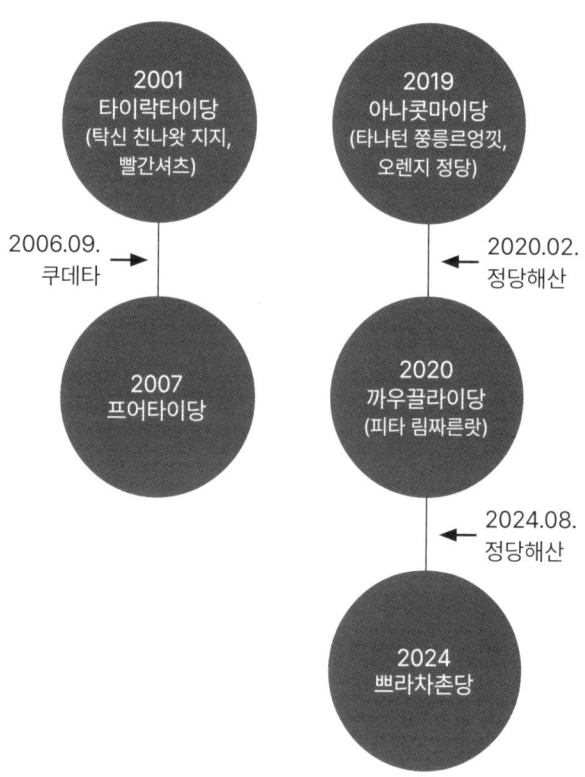

2023년 태국의 의회 정당 구성(하원 500석)

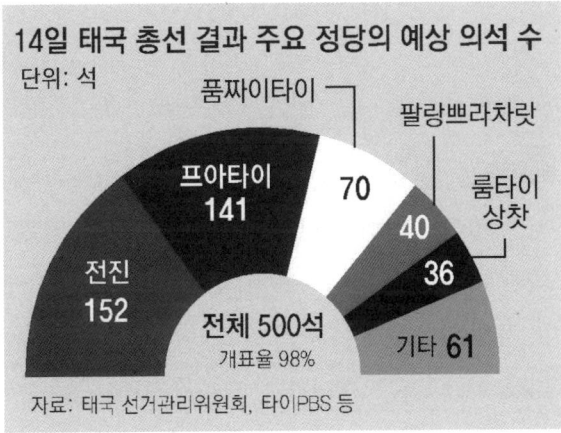

14일 태국 총선 결과 주요 정당의 예상 의석 수
단위: 석

품짜이타이
70

팔랑쁘라차랏
40

룸타이
상찻
36

프아타이
141

전진
152

전체 500석
개표율 98%

기타 61

자료: 태국 선거관리위원회, 타이PBS 등

정당	의석 수
쁘라차촌당(전진)	152석
프어타이당(프아타이)	141석
품짜이타이당	70석
기타 정당	137석

예상하지 못한 와해

인터뷰 내용을 하나씩 소개하기 전에 2024년 10월부터 12월까지 약 91일간의 감상을 먼저 적어보고자 한다. 나는 태국에 도착한 이후 나의 인터뷰를 도와주기로 한 활동가를 만났으며, 처음 방문한 참여 관찰 장소가 1976년 10월에 발생한 탐마삿 학살의 추모식이었다. 그리고 10월 8일에는 익명의 인권단체 도움을 받아 수감된 학생들을 면회하러 방콕의 한 교도소에 다녀왔다. 탐마삿대학에서는 과거를 기억하는 모든 이들의 추모와 목소리를 들어볼 수 있었으며, 1973년과 1976년의 정신을 계승하는 사람들의 의식을 바라볼 수 있었다. 그런데 활동가들의 목소리를 들으면 들을수록 좌절과 체념을 동시에 관찰할 수 있었다. 현재 상황에서는 거리 시위의 빈도가 심대하게 감소하였다. 또한, 오렌지 정당은 프어타이당과 군부 정당의 방해로 집권할 수도 없었고, 자신의 공약인 왕실모독죄 개정을 지키지 못했다. 이후 활동가들은 주위의 동료들이 모두 수감되거나, 망명을 가거나, 옥사하는 장면을 지켜볼 수밖에 없었다.

나는 2024년 까우끌라이당 해산 이후에도 2020년의 상황과 마찬가지로 시위가 크게 일어날 것이라 생각했다. 2023년 말부터 태국에 방문연구원으로 갈 준비를 하고 있어 개인적인 불안이 극에 달했다. 시위가 크게 일어나면 그곳에서 어떻게 지내야 하나 걱정도 했다. 그런데 생각보다 아무 일도 벌어지지 않아서 의아했다. 2022년부터 거리 시위가 감소세에 있었고, 인터넷에서는 비판이 많았지만 별다른 정치 활동으로 이어지지는 않았기 때문이다. 나는 피타 당대표의 한국 방문을 관찰하고 태국에서 일어난 2020~2021년 시위를 바라보며, 젊은 세대가 단일대오로 대동단결하여 왕실 개혁을 강하게 원하는 것으로 생각하였다. 하지만 2024년 해산 이후에는 시위가 일어나지 않았는데, 이 부분이 필자에게 궁금증으로 다가왔다. 과연 현재의 거리 시위대에서는 어떤 일이 벌어지고 있을까? 그들은 현실을 어떻게 인식하고 있으며, 시위대는 잘 조직되어 있을까?

그러나 내가 직접 10월 1일에 태국으로 들어가 시위를 경험한, 그리고 심지어는 왕실모독죄로 수감된 경험이 있는 사람들을 만나보니, 이미 왕실개혁을 요구하는 운동권은 와해되어 있었다. 2020~2021년 시위를 이끌었던 지도자들은 대부분 망명을 갔거나 수감되어 있고, 그 이외의 활동가들도 감옥에서 나왔거나 망명을 준비하고 있었다. 인터뷰에서 드러난 목소리도 분노에 가득 차 있었지만 동시에 좌절을 관찰할 수 있었다. 미래에 대한 희망은 물론 버리지 않았다. 2024년 11월 13일의 인터뷰에서 한 활동가는 펭귄의 망명이 거리 시위대의 해체를 상징적으로 드러낸다고 했다. 펭귄은 2020년의 시위를 이끈 대표자 중 한 명이었고 현재는 미국으로 망명을 떠난 상태이다.

"펭귄이 망명을 가면서부터 거리 시위대는 상징적으로 해체되었다고 보는 것이 맞는 것 같아. 망명을 간 사람들이 우리에게 무엇을 해줄 수가 있어? 아무것도 없어. 망명을 간다고 하면 나는 당연히 그 사람의 인생이니까 존중하지. 근데 나는 안 나갈 거야. 내 개인적인 신념이야."

그리고 시위대는 대부분 까우끌라이당에 대한 분노를 드러냈다. 그들은 거리 시위를 진작하지 않고 의회 정치에 집중하여 타협하는 사람들이라는 것이다.

2024년 10월 8일, 방콕의 교도소에 활동가 면회를 하러 갔다. 면회 이후 커피를 마시며 이야기를 나눴는데, 익명의 인권단체 대표는 눈물을 흘리며 "주위 사람들의 고통을 보는 것은 참 힘든 일이다"라고 털어놓기도 했다. 이러한 모습에서 나는 더 이상 말을 이을 수 없었고 옆에서 지켜보는 것밖에는 할 수 있는 것이 없었다. 2014년 이후 오랜 기간 동안 왕실모독죄에 의한 처벌이 지속되면서 활동가들은 지치기 시작했고, 인권단체 대표는 그들의 일상을 돌볼 수밖에 없었다. 그러는 동안 시위대를 이끌던 지도자들은 수감되거나 망명을 떠났다. 현재 남아 있는 이는 단 한 명뿐이며, 그는 방콕 바깥에서 활동하고 있다. 시위대가 와해되면서 활동가의 네트워크는 다음과 같이 재편되었다.

첫째, 시위보다는 현재 법적인 조사를 받거나 기소되어 있는 활동가들에 대해 법률적인 지원을 주고받는 형태로 재편되었다. 둘째, 수감되어 있는 이들을 지원하면서 면회를 통해 심리적인 안정을 주고받고 있다. 셋째, 활동가 간에 친목 네트워크를 지속적으로 유지하려고 노력하고 있다. 현재는 시위를 진작하기도 어려우니 자조 모임으로 그 형태가 변화하고 있는 중이라고 볼 수 있다. 피타 림짜른랏의 아이돌과 같은 인기와 까우끌라이당의 제1당 지위를 뒤로하고 와해된 활동가 그룹의 모습은 어떻게 해석할 것인가? 까우끌라이당 혹은 쁘라차촌당이 의회 정치에 집중하는 동안 청년들의 정치 활동과 구호는 무기력하게 변했다.

이렇게 예기치 못한 와해를 관찰하는 동안 새로운 감정을 느낄 수 있었다. 청년들은 단기적인 관점에서는 쁘라차촌당과 왕실에 동시에 분노하고 있었다. 그러면서도 장기적인 관점으로는 어떻게 생존하면서 운동을 지속하느냐를 고민했다. 그들도 활동을 지속하면 언젠가는 망명을 떠나거나 수감이 될 수도 있다는 두려움을 안고 있지만, 동시에 태국 정치에 나타날 수 있는 변화에 대한 희망을 놓지 않는다. "단기적인 분노와 장기적인 생존의 이중주"라고 볼 수 있다. 그들의 양가적 감정은 앞으로 태국 정치에 대해 변화를 원하는 그들의 생존 전략이다.

예기치 못한 와해를 학술적으로 어떻게 풀어낼까도 고민이었지만 인터뷰와 참여 관찰을 진행하면서 가장 힘들었던 것은 나의 감정을 다스리는 일이었다. 첫째, 교도소에서 면회를 하고 나오면서 철창을 바라보는 감정이 너무 복잡했다. 익명의 인권단체 인물들은 면회 시간을 일부러 가장 나중으로 잡는다고 했다. 면회 시간이 모두 끝나면 면회실을 정리할 시간이 필요하니 5분에서 10분 정도 더 이야기할 수 있다는 것이 이유이다.

면회실의 불이 꺼지고 교도관들이 들어온다. 누군가는 더 이야기하는데, 나는 수감자의 부모와 함께 복도로 나와 앉았다. 면회실의 불은 꺼졌는데 인권단체 사람들과 수감자는 여전히 이야기를 나눈다. 그리고 나는 불이 켜진 복도의 의자에 앉아 이 모습을 우두커니 넋을 잃고 바라보았다. 억지로 웃으면서 이야기를 나누는 것 같은 모습. 한국의 독재정권 시기에 수감된 사람들을 면회 오는 가족들의 마음이 이랬을까. 머리가 복잡했다.

둘째, 교도소에서 직접 만났던 수감자가 바깥으로 보낸 편지가 있었다. 쭐라롱꺼대에 나를 초청해준 교수 앞으로 도착한 것인데 그 편지를 직접 읽어볼 수 있었다. 바깥으로 보낸 편지가 많은데 검열로 모두 도착하지는 못했기에 내가 읽은 것은 일부 중에 하나였다. 수감자는 현재 상황을 직접적으로 비판할 수는 없으니 문학 작품에 많은 것을 빗대어 보낸다. 이러한 편지를 직접 읽을 때마다 형용할 수 없는 감정을 느낀다. 내 주위 사람들의 동료라서 그런 것일까. 아니면 그저 내가 이 상황을 바라보기 힘들기 때문이었을까. 이 편지의 내용은 다음과 같다.*

정치학 반딧 짠로짜나낏 교수님께,

교수님, 안녕하십니까? 교수님께 직접 보내드리는 첫 편지입니다. 저에게 익숙한 사회와 존경하는 교수님을 떠난 지 몇 달이 지났습니다. 지난 3월 25일에 1심 판결을 받아 자유를 빼앗긴 지 어느덧 반년이 되었지만, 지금은 공간적으로 한정된 지식과 정보 자원 속에서도 학교에서 학업에 매진하며 들었던 강의, 이수했던 커리큘럼 등을 통해 얻은 지식과 기억들을 복기하면서, 항상 현재 상황을 분석하고 예측하고 있습니다. 이런 것들은 저 스스로 제가 누구인지 잊지 않게 하는 방법입니다.

* 카눈의 편지는 서울대학교에서 비교문화전공 석사과정에 재학 중인 반티따 뎃아난 학생이 번역한 것이다.

이곳에서는 많은 일들이 일어나고 있습니다. 힘든 일도 많고 호기심을 자극하는 일도 많습니다. 이전에 보냈던 편지에서 제가 현재 겪고 있는 상황에 대해 교수님께서는 이미 충분히 보셨을 겁니다. 제가 굳이 말할 필요 없이도 이미 교수님께서 잘 알고 계시는 제가 겪고 있는 것들 생각해 보면, 몇몇 문학 작품이 떠오르기도 합니다. 작품들을 독자로서 읽다 보면, 너무나 안쓰러우며 믿기 싫으면서도 공감이 가는 내용들입니다. 사회운동, 주변화 등의 개념을 다루는 정치학, 인류학, 사회학 분야의 학문들을 처음 배웠을 때에는 인간으로서 겪어야 할 어려움들을 상상하고 공감하기가 힘들었기 때문에 이해하고 깨우치기 무척 어려웠지만, 어려움과 고난을 직접 경험해 봤으니 이제야 조금이나마 이해할 수 있을 것 같습니다. 만약 이것이 하나의 폭행(violence)이라고 한다면, 제가 자유를 얻은 후에 직접적으로나 간접적으로나 자세히 알려드리겠습니다. 지금은 교수님께 안부 정도만 드릴 수 있는 상황입니다. 교도소 내부의 메일 운영 시스템 때문에 이 편지가 몇 주, 혹은 몇 달이 지나고 교수님께 도착할지 모르겠지만 이러한 불확실성과 불안한 상황이 교수님께 제 의지를 전달드리고자 하는 저의 뜻을 꺾을 수는 없습니다. 이런 어려운 상황 속에서도 저는 항상 교수님을 생각합니다. 교수님께서 주신 응원과 도움에 진심으로 감사드립니다. 아무리 힘들어도 저는 끝까지 견디면서 언어 실력이든, 신체든, 마음이든 모두 열심히 계속 발전시켜 나갈 겁니다. 제가 자유를 얻는 그날까지, 교수님께서는 늘 건강하시길 바랍니다. 우리가 다시 이야기를 할 수 있을 때까지 좋은 소식을 기대하며 그때 뵙겠습니다.

사랑과 존경의 마음으로
시라폽 품픙풋

　자신이 처한 상황에 대해 자세히 말하지 못하는 답답함과 감옥에서 경험하는 부당함, 그리고 자신의 투쟁 의지를 말하고자 하는 의지가 편지 곳곳에 드러난다. 동시대 젊은 동료의 용감함과 대담함을 관찰하는 이 마음. 나는 이 편지를 보고 형용할 수 없는 마음에 그날 밤 잠을 이루지 못했고 알지 못할 감정에 펑펑 울기도 했다. 새벽 내내 방에 앉아서 이러한 모습을 지켜볼 수밖에 없는 무기력함에 괴로웠다. 수감자뿐만 아니라 나의 동료, 주변 사람들의 고통까지 지켜봐야 하는 것은 정말 힘들고 고통스러운 순간이었다.
　셋째, 인터넷을 통해 인터뷰의 대상자와 통화를 했는데, 알고 보니 그는 망명을 간다고 주변 국가로 도망가 있었다. 그래서 이 인터뷰이 목소리를 함부로 담을 수가 없겠구나 하는 생각이 들었다. 그는 나에게 장기간 버틸 수 있도록 금전적 지원을 받을 수 있게 도와달라고 했는데, 나는 그런 방법을 찾아줄 수 없었다. 그럴 능력도 안 될뿐더러, 그럴 힘도 없기 때문이었다. 나는 돈을 송금해줬다. 연구를 위해 모아

둔 돈도 모두 보내줘 버렸다. 그 달은 좀 부족하게 지내더라도 그 친구가 안전했으면 했다. 그렇게 보내주고 나는 허리띠를 졸라매고 살았지만 버틸 만했다.

그리고 2025년 4월, 미국 위스컨신-매디슨 대학에서 열린 권위주의에 관한 워크숍에 초청을 받아 발표하러 다녀올 기회가 있었다. 그때 일부러 캐나다 밴쿠버를 경유하여 다녀왔다. 망명을 간 친구가 캐나다에 정착한 사실을 알게 되었기 때문이다. 그를 만나 오랜만에 저녁을 먹으면서 이제껏 하지 못했던 이야기를 나누었다. 망명 때문에 주변 국가로 가서 어떤 경험을 하였는지 말이다. 그가 밴쿠버에서 자리를 조금씩 잘 잡고 있다는 소식을 들을 때마다 기뻤다. 그렇게 이야기를 들으며 다른 친구들의 망명길도 안전하기를 빌었다. 활동가들이 모두 안전하기를 바란다.

마지막으로는 내가 만난 고등학생 활동가이다. 그는 말도 잘하고 자신감도 넘쳤다. 가장 비판적이었고 현재의 상황을 가장 뚜렷하게 인식했다. 그렇게 인터뷰를 하다가 동시에 나의 조카가 이런 활동을 하고 있다면 어떨까 하는 생각이 들었다. 자식이 이런 상황에 처해 있다고 한다면 너무나 가슴이 아플 것 같았다. 사회의 변화를 원하는 것은 바람직한 일이지만 내 아이가 상처 없이 사회에서 클 수 있게 환경을 조성하는 것은 결국 어른들의 몫이니까 말이다. 이 친구를 처음 만난 날 인터뷰를 하고 집으로 오는 지하철에서 눈물을 멈출 수 없었다. 이렇게 인터뷰를 하고 나면 다음 날 침대에서 일어날 수가 없었다. 집 밖으로 나가지도 않았다. 스스로 생각을 정리할 시간이 필요했다. 술은 더더욱 마셔선 안 됐다. 그럴 때 술을 마시면 더 우울하니까. 차라리 러닝머신을 뛰고 맛있는 것을 먹었다.

내가 태국에 들어가기 전에 기대했던 것과 활동가들을 직접 관찰했을 때의 모습은 달랐다. 이러한 차이를 어떻게 받아들이고 어느 방향으로 활동가 목소리를 수집할 것인가를 고민해야 했다. 또한, 활동가를 지켜보며 나 역시 좌절과 절망에 빠질 수밖에 없었다. 그러나 좌절에만 매몰될 수는 없었고 어디에서 희망을 찾을 것인가 방법을 찾고자 했다.

포기할 수 없는 미래

이런 상황에도 결국 생각해야 하는 점은 미래를 어떻게 살아갈 것인가이다. "앞서서 나가니 산 자여 따르라"라는 어느 노래의 가사처럼, 살아 있는 자들은 과거를 기억하고 스러지지 않도록 앞으로도 살아남아야 하는 과제를 안고 있다. 1973년 10월 14일과 1976년 10월 6일의 민주화운동 정신을 계승하는 것은 태국의 젊은 세대에게도 숙제처럼 남아 있다. 그리고 나도 그들의 과거와 현재를 지켜보고 미래를 응원하면서 때로는 조금이나마 도움을 줄 수 있는 활동을 지속하고 있다. 그럼에도 다 같이 미래로 나아가는 것이다. 권위주의에 대항하여 자유로운 삶과 일상을 찾는 것은 지난한 과정이다. 그래도 함께해야 한다.

인터뷰의 마지막은 항상 같은 질문이었다. "태국이 완전한 민주주의를 얻을 수 있을 것이라고 생각하나요? 그것이 당신이 살아 있는 동안 이루어질 수 있을까요?" 이러한 질문에, 살아 있는 동안 이뤄질 수는 없겠다고 답한 이들도 있었고, 점진적으로 기대하고 있는 이들도 있었다. 답변 내용에는 현실적인 성취 방안도 있었지만 결국 현실에 대한 분노 표현이 대부분이었다. 그들은 현재를 충실히 살고 있는 것이다. 현실을 충실히 살기 위한 방법이 결국은 생존의 길을 찾는 것이고, 그래서 지금은 모두들 시위에 직접 나서기보다는 조용히 있다.

조용히 있는 것이 어떻게 나서는 것이냐고 하겠지만, 현실을 생각하면 최선의 방법이라고 할 수 있다. 미국 위스콘신대의 태국 연구자 티렐 하버콘(Tyrell Haberkorn) 교수는, 왕실모독죄는 너무 자의적으로 행사되고 있어 태국의 표현의 자유가 탄압을 받고 있다고 지적했다.[17] 나도 12월 2일 오전 법정에서 공판을 목격하면서 그렇게 느꼈다. 앞의 편지를 쓴 시라폽(그의 별명은 '카눈'이다)의 공판이었다. 9시 시작이라 나는 아침부터 부지런히 두싯 지방법원으로 향했다. BTS 빅토리 모뉴먼트 역에서 내려 택시를 타고 법원으로 향하는데 마음이 복잡했다.

9시에 인권단체 담당자들과 만나서 이야기를 나누고 공판 법정으로 향했다. 그런데 10시가 되어도 재판은 시작하지 않았다. 알고 보니 추가 기소를 하려고 증거 수집을 위해 경찰과 내무부의 답변을 기다린다는 것이었다. 그날 들리는 말로는 "법원에서 피고인을 지난주에 변호인도 모르게 갑자기 불렀다"는 소식도 있었다. 아마도 정부에서 합의를 시도했을 수도 있다는 추측이었다. 피고인은 추가 기소를 당일에 알게 되었고 변호사와의 접견도 법정에서 이루어졌다. 나는 그 부분을 보고 정말 충격을 받을 수밖에 없었다. 추가 기소에 대한 방어권이 이렇게 열악하다니, 그렇다면 감옥에서 오래 지낼 수밖에 없지 않는가. 10월 4일, 활동가를 처음 만나서 변호사 단체의 도움이 어떤 것 같냐고 물었을 때, "이런 사람들이라도 없다면 나는 지금도 감옥에 있었을 것"이라고 했던 그의 답변이 스쳐 지나갔다.

그렇게 변호인을 접견하고 있는 피고인을 뒤로하고 법정 문을 닫고 나오는 마음이 너무나 복잡했다. 그리고 이런 상황에 대해 논문을 쓰는 것도 중요하지만, 결국 대중적으로 모두의 알권리를 위해 르포 혹은 보도의 형식을 띤 이야기를 전하는 것이 중요하다고 생각하게 되었다. 그것이 모두의 미래를 돕는 나의 방식이기도 하다. 이렇게 이야기를 하나씩 쌓다 보면 태국 민주주의의 현실을 돕는 사람들이 생길 수도 있고, 수감된 이를 돕고자 하는 움직임이 나타날 수도 있으니까 말이다. 지금도 여전히 스트레스를 관리하는 것이 참 힘들고 이러한 글을 쓰는 과정도 고통스럽다. 그럼에도 움직여야 한다. 조용히 할 수 있는 일을 하는 것, 그게 최선이다. 그것이 모두와 함께하는 일이고, 동아시아 민주주의에 대해 고민하는 일이니까. 다 함께 미래를 살아야 한다.

인터뷰 준비

2024년 10월 4일, 나에게 인터뷰 대상자를 소개해주기로 한, 연구보조 역할을 할 친구를 만났다. 나와 1년 가까이 알고 지낸 활동가이다. 그 역시 형법 112조 위반으로 조사를 받고 있었다. 어디서 자리를 잡고 일을 할 경우, 가끔 경찰이 찾아와 협박과 위협을 해 힘이 들어 인권단체에서 주로 파트 타임으로 일을 한다고 했다. 그런 모습을 보고 나는 다음에 이 친구와 꼭 일을 함께했으면 좋겠다고 생각했는데, 연구보조를 부탁할 수 있어서 좋았다. 책임감도 강하고 좋은 친구였다. 또, 해외 경험이 있어서 태국어와 영어 둘 다 출중했다. 나의 태국어는 아직 부족하고 배우고 있는 단계이니, 인터뷰를 하면서 태국어-영어 통역을 요청하였다.

이 친구에게 정말 감사한 점은, 나도 인터뷰를 바탕으로 한 활동이 처음이어서 아무것도 모를 때에 같이 이야기를 많이 해주었다는 것이다. 무엇을 묻고 싶은지, 연구 질문이 무엇인지 물어주고, 이렇게 함께 대화를 나눌 사람이 있다는 점이 참 좋았다. 나는 그에게 모르면 모른다고 말하고 도와 달라고 부탁한다. 그렇게 우리는 내가 살고 있던 MRT 프라 람9역 옆에 있는 포춘 타운(Fortune Town)의 어느 카페에서 다시 만났다. 연구 질문이 뭐냐고 물어서 태국국가연구위원회(NRCT)에 제출했던 질문을 알려줬다. "태국 젊은 청년들의 정치적 관심은 어떻게 형성되는가?" 그리고 인터뷰를 하겠다고 연구 계획을 제출했었다.

이것과 연관지어, 청년들이 어떻게 거리 시위에 참여하였고 현실에 대해서 어떻게 인식하는지, 앞으로의 계획은 어떻게 되는지 알고 싶었다. 10월 6일에 첫 인터뷰를 하기로 하였으니 질문이 있어야 했다. 그렇게 질문을 만들고 친구에게 태국어로 번역해 달라고 부탁했다. 나는 따뜻한 아메리카노를 주문했고, 그는 차가운 타이 티를 주문했다. 아메리카노를 마시는데 따뜻한 것을 마신다고 하니 친구가 당황했다. 그는 아무래도 좀 윗세대분들이 따뜻한 걸 마시지 않냐고 나에게 물었고, 나는 웃으며 내가 그런 윗세대 사람들같이 딱딱한 생각을 가지고 있어서라고 했다. 그렇게 음료 두 잔을 들고 테이블에 앉아서 짧은 토론을 시작했다.

맨 처음 질문은 너무 구체적이지 않았으면 좋겠다는 생각이 들었다. 넓은 주제로 인터뷰 대상자가 하고 싶은 말을 다 하게 하고 싶었다. 그래서 시위에 어떻게 참여하게 되었는지를 먼저 묻고, 그 대답을 듣다가 세부적인 질문을 추가하기로 했다. 그리고 빼먹을 뻔했던 중요한 지점이 있었는데, 그들 스스로를 어떻게 정의하고 있는지 알고 싶었다. 공식적인 질문 2~4번까지는 젊은 세대를 어떻게 정의하는지와 비슷한 질문들을 배치하기로 했다. 조금 다르지만 비슷한 질문을 배치하여 응답자가 일관되게 발화하는지 확인하고 싶기도 했다. 그렇게 1번부터 4번까지는 질문을 금방 만들었다.

1. 무엇이 당신을 시위로 이끌었나요?
2. 새로운 세대를 어떻게 정의하나요?
3. 왜 젊은 사람들이 최근 나이가 많은 세대보다 시위에 더 많이 참여할까요?
4. 당신은 나이 든 세대와 정치적으로 어떻게 다르다고 생각하나요?

젊은 세대의 특징을 묻고자 하니, 직접적으로 그들이 생각하는 젊은 세대가 무엇인지 먼저 묻고 특징을 묻는 게 낫다는 생각이 들었다. 그래서 왜 젊은 세대가 2020~2021년도에 시위에 더 많이 참가했는지, 나이 든 세대와의 차이점은 무엇이라고 생각하는지 물을 계획을 세웠다. 그렇게 질문을 만들고 나자 5번부터는 무엇을 물어보아야 할지 감이 잡히지 않았다. 수첩을 붙잡고 한참을 생각하다가 현재 정치 상황에 대해서 어떻게 생각하는지 묻기로 했다. 그러다 번뜩 뇌리에 스치고 지나간 궁금증이 있었다. 바로 2020년과 2024년의 대조적인 모습을 활동가들이 어떻게 생각하는지였다. 인스타그램에서 활동가 친구들 모두가 까우끌라이당을 비판적으로 바라보던 모습도 기억이 났다.

그래서 5번과 6번을 오렌지당을 바라보는 시각, 그리고 여당과 비교하는 질문으로 배치했다. 아나콧마이당, 까우끌라이당, 쁘라차촌당의 차이점이 무엇이라 생각하는지를 묻고, 그다음 당시 집권 여당인 프어타이당 그리고 쁘라차촌당을 포함한 야당에 각각 1~10 사이의 점수를 부여해 달라고 부탁했다. 그 점수가 무엇을 의미하는지 이유도 물었다. 그리고 2022년과는 다르게 지금 시위가 왜 덜 일어나는지, 그리고 까우끌라이당 해산 이후에는 아나콧마이당 해산과는 다르게 시위가 왜 일어나지 않는지 물었다. 비슷한 질문을 반복적으로 하면서 응답자의 일관성을 함께 보고, 동시에 아나콧마이당과 까우끌라이당 사이의 차이점에 대한 발화가 어떻게 나타나는지 보고 싶었다.

5. 아나콧마이당, 까우끌라이당, 쁘라차촌당 사이의 차이가 있다고 느끼나요?

6. 1점에서 10점까지 현 집권당과 야당의 활동에 대해 점수를 매겨주세요. 1점은 잘 못하고 있음, 10점은 잘하고 있음을 뜻합

니다.

7. 당신이 생각하기에 2022년 이전과 다르게 지금은 시위 빈도가 줄어든 이유가 무엇인가요?

8. 아나콧마이당 해산 때와는 다르게 까우끌라이당 해산 이후에는 왜 시위가 일어나지 않을까요?

이렇게 8번까지 질문 항목을 만들면서 활동가 친구의 의견도 계속 물었다. 이게 시의성이 있는 질문 같냐고 말이다. 그리고 이렇게 묻는 것이 활동가들에게 의미가 있다고 생각하는지도 물었다. 그도 답변들이 너무 궁금하다고 했다. 인터뷰가 다 끝난 다음에 자신도 말할 수 있는 기회가 있었으면 좋겠다고 해서, 알겠다고 했다. 8번까지 질문을 만들면서 중간중간 궁금한 것들은 그때그때 또 물으면 된다고 생각했다. 이렇게 주제를 크게 두 개로 짜놨는데 나중에는 중간 질문이 많아져서 인터뷰가 평균 1시간 반에서 2시간 정도로 이어졌다.

이제 마지막 질문을 만들어야 하는데, 정말 아무것도 떠오르지 않았다. 물어볼 것은 다 물어본 것 같다는 생각이 들었다. 그러다 앞으로의 계획이 어떤지 묻고 싶어졌다. 그래서 활동가 친구에게 태국이 완전한 민주주의를 이룰 수 있을 거라고 생각하는지, 그리고 그것이 자신의 죽음 이전에 이뤄질 것이라고 믿는지 묻고 싶다고 했다. 활동가 친구의 눈이 반짝였다. 대답이 너무나 궁금하다고 했다. 그는 자신이 죽기 전에 가능할지 모르겠다고 회의적인 시각을 비치기도 했지만, 자신의 동료들에게서 희망을 보고 싶었던 것일까. 이 질문에 대한 답을 함께 들으면서 그는 무엇을 생각했을까, 지금도 궁금하다. 일부러 묻지 않았다. 지금 그 친구는 자신의 생업으로 돌아가서 바쁘게 살고 있기 때문이다. 그래서 다음과 같은 마지막 질문을 만들었다.

9. 당신은 태국이 언제 완전한 민주주의 국가가 될 수 있다고 생각하나요? 당신이 죽기 전에 가능할까요?

인터뷰를 모두 마치고 위 질문들의 답에 대한 감상을 먼저 적자면, 모든 응답이 제각각이고 비슷하면서도 다 달랐다. 그럼에도 모두 희망을 놓지 않은 지점을 발견할 수 있었다. 그리고 구체적으로 어떻게 버티면 좋을지, 운동을 어떻게 이끌고 가면 좋을지에 대한 고민이 있었다. 개인적으로는 다르겠지만 모두 모여서 연대하고 있는 모습이 제삼자의 입장에서 자랑스럽기도 하고, 인터뷰를 하는 내내 너무 우울하거나 좌절하기도 했다. 그렇지만 동시에 활동가들의 목소리를 듣고 기록할 수 있어서 정말 좋았다. 학문적인 글을 쓸 때면 늘 중립적으로 생각하게 되는데 솔직히 중립이라는 것이 어디 있는가. 나는 이제 중립적인 학자의 입장이라는 말을 믿지 않는다. 나는 현장의 목소리를 직접적으로 전달하는 것이 낫다고 판단했다. 그래서 논문을 쓰기 이전에 인터뷰를 바탕으로 이렇게 대중적인 글쓰기를 먼저 하고 있다.

인터뷰 질문 준비에 관한 이야기를 하였으니 지금부터는 태국에 내가 도착한 때부터 시간순으로 한 명씩 인터뷰한 내용을 모두 공개하고자 한다. 개인의 내러티브를 전달하면서 동시에 전체적인 궤적을 보여주는 것이 목적이다. 이 인터뷰를 통해 내가 느꼈던 것이 무엇인지도 함께 보여드리고자 한다. 익명을 원하는 사람은 익명으로, 기명을 원하는 사람은 기명으로 인터뷰 내용을 보고하였다. 모든 인터뷰는 진행하기 이전에 논문 혹은 출판의 형태로 수록한다는 동의를 얻고 시작하였다.

인터뷰이의 정보에 대해서는 연령대, 출신 지역, 교육 수준, 성별만 공개한다. 추가로 기명을 원한 사람들은 성명을 공개하였다. 모든 인터뷰 대상자들이 현재의 태국 정치를 어떻게 인식하고 있는지, 그리고 미래를 어떻게 그리고 있는지, 이전 장에서 다뤘던 질문들을 중심으로 묻고자 했다. 그리고 추가 질문과 그에 대한 대답도 수록하였다. 이번 인터뷰는 영어로 진행되었고, 통화는 1시간 정도 진행하였다. 큰 질문 사이사이 추가 질문들, 답변들도 함께 적었다.

왕실 개혁 운동의 위축은 우리가 지지했던 정당이 자초한 일

. . .

20대, 동북부 출신, 대졸, 남성

방콕에 도착하고 활동가가 소개해주는 시위 참여자를 만나기 이전에, 내 주변 사람들은 어떻게 생각하는지 알고 싶었다. 내 주변에도 활동가들이 있었기 때문이다. 다른 사람이 소개하는 활동가는, 또 그만의 인간관계의 범위에 있을 것이어서 여러 목소리를 듣고 비교하고 싶었다. 그래서 소개를 받기 이전에 내가 알고 지내던 사람의 인터뷰를 우선 진행해보았다. 그는 20대 중반, 태국 동북부 출신이다. 대학교를 졸업했고 성별은 남성으로 정체화하고 있다. 오랜만에 얼굴을 보고 싶었는데 그가 고향에 내려가 있어 그러지 못했다. 통화를 오랫동안 했고 오랜만에 목소리를 들으니 너무 반가웠다. 이 친구와 통화를 할 때마다 언제나 태국 정치에 대한 깊은 이야기를 나눌 수 있기 때문이다. 친구는 왕실모독죄로 조사를 받고 얼마 전 징역 3년을 선고받았다.

질문 1 **어떻게 시위에 참여하게 되었어?**

나는 권위주의를 좋아하지 않는데 군부 독재가 5년 동안 지속되었거든. 나는 학생회에 2019년에 들어갔어. 그 학생회는 다른 학생회들과는 달랐어. 다른 학생회에 비해서 시위에 관심이 많았거든. 태국은 국가의 토지 사용에 문제가 많았단 말이야. 그리고 그 학생회는 빈자연합(The Assembly of the Poor)과도 연대했어. 소외된 사람들이 만든 단체야. 나는 학생회 활동을 통해 공동체 의식을 알게 되었지.

어렸을 때도 정치에 관심이 있었어?

고등학교 때도 나는 사회과학 과목을 택했어. 고등학교 때부터 정치에 관심이 있었어.

혹시 고향에도 고등학교 시절에 학생회가 있었어?

내 고향에? 아니, 고등학교 때는 학생회가 없었어.

시위 참여에 주위 사람들의 영향도 있었을까?

사실 나는 현실 정치를 하고 싶었단 말이야. 그런데 막상 하려고 보니 플랫폼이 없었어. 그러다가 펭귄을 만났지. 너 펭귄 알지? 어느 날 같이 밥을 먹었단 말이야. 그리고 그가 학생회로 나를 초청했어. 내 정치 참여에는 펭귄의 영향도 있었고, 어린 시절부터 관심도 있었어.

질문 2 젊은 세대를 어떻게 규정할 수 있을까?

젊은 세대는 나이로만 규정할 수 없어. 자신 스스로를 권위로부터 해방할 수 있는 생각을 가진 세대들을 뜻해. 태국에는 뿌리 깊은 권위주의가 있단 말이야. 문화와 전통에 문제를 제기할 수 있는 사람들을 말해. 혁명뿐만이 아니라 질문을 제기하는 비판적 사고를 뜻해. 그리고 용기를 가지고 있는 사람들을 뜻하지.

무엇에 대한 용기야?

뭐, 잘 알잖아. 왕실을 비판할 용기지. 나이에 상관없이 누구든지 그런 생각을 할 용기가 있다면 젊은 세대라고 볼 수 있을 것 같아. 2020년에, 아나콧마이당 대표였던 타나턴을 알지? 당이 해산되고 정치 활동이 금지되었단 말이야. 태국에는 제도를 잘 갖춘 지방선거가 필요하고, 사람들은 새로운 정치 의제를 원해. 나이 많은 분들도 요즘은 왕실에 대해 비판을 많이 하는 것 같아. 윗세대분들은 오랜 기간 참아왔단 말이야. 나이 많은 세대는 좀 더 오랫동안 분노했지.

여기서 나이 많은 세대는 옐로 셔츠를 뜻해?

아니. 시위에 참여한 나이 많은 세대를 뜻해.

나이 많은 세대분들도 2020년 이후 왕실 개혁 운동 시위에 많이 참여한 모양이네?

그럼. 시위에 참여한 나이 많은 세대도 있지. 대부분이 젊은 사람들이지만, 나이 많은 사람들도 있었어.

질문 3 **젊은 사람들이 나이 많은 사람들과 어떻게 다르다고 생각해?**[*]

젊은 사람들은 왕실에 대해서 더 직접적으로 비판해. 이유는 첫 번째로, 라마 9세에 비해 현 국왕인 라마 10세의 인기가 없기 때문이야. 둘째는 소셜미디어의 영향이지. 사람들은 익명으로 왕을 비판할 수 있단 말이야. 사람들은 왕실 개혁이라는 단어를 사용해서 비판해. 그리고 태국 사람들은 풍자에 아주 능해. 혹시 저스틴 비버를 이용한 풍자를 알고 있어? 그가 크롭탑을 입고 나왔단 말이야.[**] 봐봐. 태국 사람들은 똑똑해. 사람들은 그 주체를 밝히지 않고 행동을 비판한단 말이지.

---

[*] 이때 필자가 본래 있었던 3번 질문을 하는 것을 잊어버리고 4번부터 물었다.

[**] 마하 10세 국왕은 코로나-19의 창궐 당시 독일에서 체류한 적이 있는데 이때 크롭탑을 입고 쇼핑몰을 다니는 영상이 SNS상에 전파된 적이 있었다. 이후 학생과 시민들은 인터넷상에서 저스틴 비버에 국왕을 비유하기도 했다.

이러한 비판은 그럼 주로 어떤 소셜미디어를 통해서 이루어져?

사람들은 주로 트위터(현 X)를 이용해. 왜냐하면 익명으로 글을 올릴 수 있고 그들의 분노를 자유롭게 표현할 수 있기 때문이야.

질문 4 **아나콧마이당, 까우끌라이당, 쁘라차촌당 사이의 차이점이 있다고 생각해?**

까우끌라이당은 타협을 해. 그런데 아나콧마이당은 다른 상황에 있었어. 당대표였던 타나턴이 나서서 시위를 일어나게 했어. 타나턴은 2014년 쿠데타 이후 큰 시위에 항상 있었어. 까우끌라이당은 시위와 거리를 두고 있어. 까우끌라이당은 아나콧마이당을 계승했으니까 마치 시위와 관련이 있는 것처럼 보이지만 그들 스스로는 거리를 둔다고. 아나콧마이당은 처음에는 왕실모독죄에 대해서 다루지 않았어. 왜냐하면 왕실 문제가 굉장히 민감했기 때문이야. 까우끌라이당이 그 뒤에 등장했고. 쁘라차촌당은 더 많은 타협을 하지. 지금 체제에 맞춰서 눈치를 봐. 그리고 또 다시 헌법재판소가 정당을 해산할까 봐 두려워해. 지금의 문제는 쁘라차촌당 이외에 선택할 정당이 없다는 거야. 현재 집권당인 프어타이당은 그냥 국가의 앞잡이지. 만약 다른 정당이 대안으로 나타난다면, 그리고 그 정당의 정책이 좀 더 공격적이고 진보적이라면 나는 그 정당에 투표할 거야.

너는 타나턴이 시위를 주도한다는 것을 언제 느꼈어?

타나턴은 언제나 시위를 이끌었어. 뉴스 기사를 하나 보여줄게. 처음엔 직접적으로 알지 못했지만, 상황을 돌이켜보니 그의 영향이 컸다는 것을 느낄 수 있었어. 2020년, 2021년 당시에도 간접적으로 그가 시위를 지원했다는 사실은 알고 있었어.

그런데 피타(전 까우끌라이당 대표)나 쁘라차촌당 대표는 그렇게 행동하지 않는다는 것이지?

피타나 다른 정치인은 그렇게 행동하고 있지 않아. 뉴스를 봐봐. 그런 뉴스가 있어?

질문 5 **지금 집권당과 야당에 각각 1점부터 10점 사이 점수를 준다면 몇 점을 줄 거야? 1점은 최악, 10점은 최고를 뜻해.**

나는 집권당에는 3점을 줄 것 같은데. 왜냐하면 경제적인 면에서 그들이 한 것이 없진 않거든. 그런데 그 정책의 영향이 너무 미미해. 야당에는 6점을 줄 거야. 왜냐하면 아까도 말했지만, 현상과 타협하고 있기 때문이야. 사람의 요구에 응답하고 있지 않아. 그리고 야당은 정치적인 이유로 감옥에 갇혀 있는 사람들에 대해 신경을 쓰지 않기 때문이야.

그래도 집권당이 조금이라도 무엇을 했다고 생각하네?

집권당이 아무것도 안 했다고 하면 그건 너무 가혹하니까. 경제에 대해서 아무것도 안 한 것은 아니야. 효과가 없어서 그렇지.

질문 6 **왜 2020년에 비해서 2024년에는 시위가 없는 것 같아?**

그건 정당 때문이야. 아나콧마이당은 운동의 동력을 얻으려면 시위를 이용해야 했어. 왕실 개혁 의제를 시위를 통해 시민들에게 알려야 했어. 그런데 아나콧마이당이 그 목적을 이루니까 그 뒤를 이은 까우끌라이당은 그럴 필요가 없었어. 이미 왕실 개혁 의제가 중요하니까 선거에 집중만 한 것이지. 선거만 이기면 된다고 생각했어. 이제 이 두 정당의 차이점을 알겠지? 두 번째로, 사람들은 희망을 잃었고 힘이 빠졌기 때문이야. 사람들은 지쳤어. 상황이 너무 오래 지속돼서 그래. 시위대 사람들의 수가 줄어들기 시작했단 말이야. 그래서 까우끌라이당이 말하는 것처럼 사람들은 선거를 통해서 정치 지형을 바꿔보려고 시도했어. 그런데 2024년에 희망이 사라졌지. 까우끌라이당이 헌법재판소에 의해 해산되면서 아무런 변화도 가져오지 못했잖아. 프어타이당의 집권은 변화를 의미하지 않아.

까우끌라이당은 시위를 통해 인기를 얻을 필요가 없어?

이미 아나콧마이당의 활동으로 왕실 개혁이 시민들로부터 주목을 받고 있기 때문에 까우끌라이당의 입장에서는 시위를 일으켜서 왕실 개혁 문제를 아나콧마이당처럼 강조할 필요가 없지. 그냥 선거에만 집중하면 되었던 거야. 상황이 마치 왕실 개혁 시위와 까우끌라이당이 관련이 있는 것처럼 보이게 한 것이지, 그들은 시위대와 거리를 뒀다고. 아나콧마이당은 당시에 시위를 직접 주도하면서 젊은 사람들에게 다가 갔던 거고.

그럼 2020년 이전에는 왕실 개혁 문제가 별로 중요하지 않았던 거야?

물론 그전에도 논의는 있었지만 직접적으로 논의하지는 않았어. 왜냐하면 모두들 쉬쉬하는 분위기였으니까. 금기시하는 측면이 있었지. 그런데 2020년 이후에 전국적으로 시민들이 관심을 갖는 의제로 등장한 거야. 그게 아나콧마이당 때문이고. 까우끌라이당은 이미 대중의 인기를 충분히 받는 정당이 되었으니까 직접적으로 시위를 조직하지 않아도 됐어. 그러니까 시위가 점점 없어지게 된 거고 지금의 상황이 된 거지.

질문 7 태국이 언제 완전한 민주주의를 얻을 것 같아? 네가 죽기 전에 가능할까?

내가 죽기 전에 가능할 수도 있을 것 같은데. 해결 방법은 앞으로 왕위 계승의 문제에 따라 달라질 것 같아. 계승의 문제가 왕실을 취약하게 만들거든. 지방 정치에는 특정 정치인을 중심으로 부정부패가 자리 잡고 있고, 무엇보다 보수 정당인 품짜이타이당이 힘을 가지고 있단 말이야. 만약 의회에서 연합을 형성한다고 해도 민주화로 이어질 것 같지는 않아. 왜냐하면 연합에 보수 정당도 있을 것이고 사공이 너무 많으니까. 정치인들은 늘 협상하잖아. 그럼 과연 보수 정당이랑 진보 정당이 민주화에 대해 이야기를 할까?

그러면 다음 총선에서 쁘라차촌당이 이기면 민주화로 이어질까?

이긴다는 게 하원 선거에서 쁘라차촌당이 270석 이상을 얻는 것을 의미하는 거야? 만약 그렇다면, 아마 민주화의 가능성은 있겠지. 그런데 태국의 정치적 맥락을 고려했을 때 쁘라차촌당이 그만큼의 의석을 얻기는 힘들지 않을까. 다음 선거에서 제1당이 되겠지만 아마 까우끌라이당이 경험한 것처럼 정부 구성과 총리 선출에 어려움을 겪을 거야. 왜냐하면 그들은 보수 정당하고 연합을 할 수 없거든. 현 상태가 계속 반복될 것이라는 소리야.

나는 쁘라차촌당이 스스로 정부를 구성하지 못할 것 같다고 생각해. 270석 이상을 얻어도 말이야. 구성을 하더라도 정부가 위험에 처하지 않을까. 그래서 그들은 정부를 수립하고 안정화할 방안을 생각해야 해. 타협을 해야 하지. 쁘라차촌당은 해산을 두려워하고, 엘리트들은 그들의 특권을 잃을 것을 두려워한단 말이야. 그러니까 그 둘이 협상을 해야겠지. 민주화나 민주주의의 공고화는 쁘라차촌당의 지도부가 엘리트와 함께 방법을 찾을 수 있느냐에, 그리고 그들의 공약을 계속 잃지 않느냐에 따라 다를 거야. 민주주의 공고화를 위해서 많은 기관 개혁을 계속 주장할 수 있느냐지.

■ ■ ■

이렇게 인터뷰를 끝내면서, 생각보다 쁘라차촌당이나 까우끌라이당에 대한 그의 비판 수준이 높은 것을 듣고 좀 놀랐다. 까우끌라이당이 의회 정치에 집중하면 활동가들은 그에 대해 수긍할 것으로 생각했는데 반대였기 때문이다. 어쩌면 까우끌라이당과 쁘라차촌당이 그렇게 의회 정치에 집중하면 태국의 민주화로 이어질 수 있다는 논의는 학자들의 머리에서나 존재하는지도 모르겠다. 이런 목소리를 듣고서, 활동가들에게 비슷한 이야기를 들을 수 있을까 하는 생각도 들었고, 그들 스스로를 어떻게 정의하는지, 비슷한 단어로 표현하는지도 궁금해졌다.

인터뷰를 지속하다 보면 다음과 같은 이야기를 얻을 수 있을 것이라는 생각이 들었다. 첫째, 그들 스스로를 어떻게 정체화하는가? 둘째, 나이 많은 사람들과 그들 사이의 차이점이 무엇이라 생각하는가? 셋째, 지금 현 상황, 특히 쁘라차춘당을 바라보는 시각은 무엇인가? 넷째, 2020년과 2024년의 차이점은 무엇이라 생각하는가. 마지막으로 다섯째, 태국 민주주의의 미래를 그들은 어떻게 전망하는가. 이렇게 다섯 가지 이야기를 중점적으로 듣다 보면 연구의 포인트가 잡힐 것 같았고, 지금 태국 사회에서 그들이 느끼고 있는 감정에 대해서도 파악할 수 있을 것 같았다. 첫 인터뷰는 이렇게 끝났다.

두 번째 인터뷰

포기하지 말고
정치 참여를 해야 한다

■ ■ ■

20대, 동북부 출신, 대졸, 남성

연구보조원에게서 연락이 왔다. 인터뷰의 대상이 정해졌다고 했다. 어떤 사람인지 물으니 20대 중반이고 대학을 졸업한, 남성이라고 정체화하는 사람이라고 했다. 첫 번째 인터뷰 대상자와 같은 대학을 나왔다고 했다. 그리고 추가로 인터넷에서 찾아보니 심지어 첫 번째 인터뷰 대상자와 같은 학생회 활동을 한 것 같았다. 유사한 배경을 가진 사람을 만나 인터뷰한다면 과연 같은 내용의 답변을 듣게 될까? 비슷한 이야기가 반복된다면 그가 이야기하는 것이 다른 사람의 구술로도 입증될 수 있겠지 싶었다. 교차검증도 필요하니 말이다.

　　방콕에 오고 얼마 되지 않았을 때여서 교통에 익숙하지 않았다. 그런 나를 위해 연구보조원이 차로 데리러 갈까 하고 물었지만 거절했다. 지하철도 타고 이리저리 돌아다녀 보는 게 좋지 않을까 싶었기 때문이다. 보통 방콕에 관광을 오는 사람들은 초록색 BTS 라인을 많이 타고 다니지만, 이번 목적지는 파란색 MRT 라인을 타고 가면 있는, 시의 북쪽에 위치한 랏프라오였다. 처음 가는 곳이어서 설레기도 했다. 그렇게 찾아간 곳이 인권단체인 아이로우(ilaw)의 사무실이었다. 아이로우 빌딩에서 인터뷰를 한다기에 더 기대가 됐다.

MRT 랏프라오역에서 내려 걷기를 대략 10분에서 12분, 아이로우 빌딩 앞에서 연구보조원에게 전화를 하니 나가겠다고 했다. 그렇게 아이로우 3층으로 올라가 인터뷰를 시작했다. 활동가의 목소리를 이렇게 듣게 되다니 기대도 되고 떨리기도 했다. 오히려 인터뷰 대상자에게 "왜 태국 정치를 공부하게 되었냐"는 질문을 받았다. 나도 한국 사람으로서 외국인이 한국 정치를 공부한다고 하면 뭘 알 수 있나 하는 생각도 들었지만, 동시에 제삼자의 입장에서 보는 한국 정치는 또 다를 수 있다고 생각하니 이해가 되는 질문이었다. 내가 보는 태국 정치는 무슨 의미일까. 그건 앞으로 내가 찾아가야 할 것이었다.

질문 1 **시위에 참여한 이유가 무엇인가요?**

제가 고등학생이던 시절부터 시위에 참여했어요. 미래에 어떤 전공을 하면 좋을지 생각하면서였죠. 정치학에 흥미가 있었어요. 이런 계기로 1932년 이후의 태국 정치에 대해서 생각해보게 되었어요. 시암 혁명* 이후 역사적으로 무슨 일이 일어났었는지, 어떻게 역사가 변해왔는지요. 저는 태국사에 정치적 대립이 계속 있었다고 생각해요. 정치 뉴스를 많이 보고 사람들이 정부에 대해서 비판하는 것을 봤죠. 저는 역사학도 전공했어요. 그러면서 태국 정부가 바뀔 수 있을 거라는 생각을 하게 되었어요. 대학에 입학했고 2018년 이후에 활동가가 되겠다고 마음을 먹었지요.

학생회에 참여한 적이 있나요? 그리고 주위 사람들로부터 학생회에 들어오라고 권유를 받았나요?

대학 첫해에 학생 운동에 참여했죠. 당시는 군부가 집권하던 시기니까 무언가라도 해야겠다는 생각에 학생회를 조직해서 선거에 나가게 되었죠. 그게 저의 처음이었어요. 그리고 그 학생회에서 태국 대학생 조합을 만들었죠. 저는 첫해에 학생 대의원, 다음 해에는 학생회 부회장에 출마했어요. 부회장은 학생회에서 간선으로 선출해요.

질문 2 **젊은 세대를 정의한다면요?**

---

* 시암 혁명이란 태국의 절대 군주제를 무너뜨리기 위해서 쁘리디 파놈용을 비롯한 카나랏사돈이 1932년 6월에 일으킨 혁명이다. 당시 국왕은 방콕을 떠나 있었고 카나랏사돈 세력은 군부를 통제하면서 무혈로 군주제를 무너뜨릴 수 있었다. 국왕은 헌법하의 통제를 받아들였다. 이후 민주주의를 구성하는 의회 등의 제도가 형성되었다.

글쎄, 어떻게 정의해야 할지 모르겠네요. 세대라. 나이만으로는 정의할 수 없어요. 그리고 저는 사람들, 혹은 운동에 있는 성인들을 어떻게 분류해야 할지도 모르겠어요. 만약 25세 이하의 사람을 젊다고 한다면, 26세는 어리지 않은 건가요? 아마도 25세가 기준점일 수 있겠네요. 좋아요. 그런데 26세라면 나는 여전히 스스로를 젊다고 생각할 것 같은데. 제가 지금 스물여섯이거든요. 맞아요. 저는 아직 어립니다.

만약 당신이 젊다고 생각한다면 나이가 많은 사람들과 무엇이 다르다고 생각해요?

활동가로 한창 활동하던 때를 생각해보면, 저는 사회에서 사람들을 세 가지 범주로 구분할 수 있다고 생각해요. 첫 번째는 학생, 두 번째는 노동자, 세 번째는 중산층입니다. 재산을 보면 이렇게 평가할 수 있겠죠. 중산층은 돈은 있지만 시간이 없어요. 그리고 노동자들은 인구의 가장 많은 비율을 차지하는 집단이지만 일을 길게 해야 해요. 바쁘죠. 이 두 집단은 삶을 살기 위한 부담이 너무나 커요. 학생을 보면, 그들은 돈이 없어요. 아마 시간도 없을걸요? (웃음) 학생들에게는 아주 특별한 자산이 있어요. 그게 용기예요. 그들에게는 꿈이 있죠. 그들은 어리기 때문에 꿈이 있고 그들이 하고 싶은 것을 할 수 있어요. 중산층과 노동자에 비하면 더 많은 용기를 가지고 있습니다.

같은 세대라고 하면 위아래로 몇 살까지일 것 같아요?

정치적 경험을 생각한다면 위아래로 일곱 살까지라고 볼 수 있을 것 같아요. 일곱 살 차이는 같은 정치적 경험을 공유하고 있다고 봐도 된다고 생각해요. 코로나19 시기에 우리는 똑같은 꿈을 꾸고 사회를 위해서 정치적 신념을 공유했죠. 우리는 장기적으로 생각해야 합니다. 단기적인 것이 아니고요. 처음 시위를 시작했을 때는 3년이면 많은 것이 바뀔 줄 알았어요. 우리는 새로운 헌법을 쓰고 정치 개혁을 쟁취할 수 있다고 생각했죠. 현실은 그렇지 않았지만요. 제가 대학에 가서 새롭게 들어온 어린 학생들과 활동을 같이해 보면, 그들은 왕실 개혁이 뭔지 모르고 현재 감옥에 있는 시위대의 리더였던 아논 남파가 누군지 모릅니다. 제가 생각하기엔 일곱 살 차이입니다. 나이 든 세대를 보면요. 그들은 쿠데타를 겪었고 이미 절망을 겪었어요. 2020년 이전에, 나이 든 세대는 우리에게 "성공하지 못할 것"이라고 했습니다. 지금 이 시위가 실패할 것이라고요. 아마도 어떤 지점에서 그들은 우리의 운동에 동의하지 않았어요.

나이 많은 세대 분들이 그렇게 말씀하셨다고요?

네, 이게 어떻게 보면 낙담하게 하는 거죠. 나이 많은 세대들이 우리를요.

나이 많은 세대 분들이 그런 말씀을 하셨을 때 어떤 기분이었나요?

어떤 면에서 보면 좋고, 어떤 면에서 보면 나쁘죠. 왜냐하면 그들은 우리보다 더 많은 경험을 가지고 있는 사람들이잖아요. 그들의 노하우가 있으니까 과거로부터 배울 수도 있죠. 그런데 또 우리가 시위를 하는 목적이 나이 많은 세대의 상황이랑 비슷하면서도 조금 다르잖아요? 우리의 경험이 또 다르게 생기죠. 우리는 젊고 최신 기술을 잘 이해합니다. 하지만 나이 많은 사람들은 탄압을 경험했어요. 탄압을 경험했기 때문에 개혁을 외치는 것에 더 조심스러운지도 모르겠어요.

질문 3 왜 젊은 사람들이 시위에 더 많이 참여할까요?

많은 이유가 있죠. 삶의 질이 더 나아질 수 없을 거라는 슬픔, 그런 생각들이 널리 퍼졌기 때문이에요. 그래서 제가 생각하기에 제 세대는 피에 좀 더 반항의 감성이 있다고 생각해요. 예를 들어서, 오늘 아침에 뉴스를 봤는데요. Z세대의 비판 정신에 관한 것이었어요. 저희 세대의 나쁜 점은 인내하지 않는다는 것이에요. 지금 사회가 돌아가는 것을 보면 불평등한 것이 많아요. 그걸 그냥 가만히 앉아서 보기만 할 수는 없다는 것이에요. SNS에서 보는 것과 현실은 다릅니다.

이것이 시위에 나서는 중요한 이유예요. 그리고 시위에 나가는 이유가 하나 더 있는데요. 바로 시위에 나가는 게 그 당시에 유행이었기 때문이에요. 2020년 2월이나 3월을 돌이켜보면 대학에서 많은 시위가 있었고 트위터에서 해시태그 운동이 있었어요. 학생들을 불러 모으기 위해서였는데요. 그게 유행이었죠.

시위에 나가는 것이 유행이라는 것에 부정적인 점이 있나요?

음, 제가 생각하기에 단기적인 측면에서 부정적인 면이 있다고 생각해요. 그렇지만 장기적으로 보면 젊은 사람들이 우리가 시위하고 있는 내용에 대해 듣고 찾아오니까, 그 내용을 보고 사람들이 천천히 태국 사회와 시위에 관해서 알 수 있죠. 그게 장기적으로 좋은 점이라 생각해요.

질문 4 **젊은 사람들이 나이 든 세대에 비해 정치적으로 다른 점이 무엇일까요?**

제가 생각하기에는 그들이 놓인 사회적 맥락이 다르다고 생각합니다. 우리는 지금 서로 커뮤니케이션을 할 수 있는 시대에 살고 있죠. 기술은 사람들이 앉아서 누구의 삶이 더 나은지 관찰하고 그것에 대한 생각을 말할 수 있게 해요. 인터넷을 보면, 누가 부자고 어떻게 부자가 될 수 있는지 방법을 가르쳐주죠. 사람들은 인터넷에서 보이는 다른 삶과 자신의 삶을 비교하고 있어요. 소셜미디어는 태국 사회에 큰 불평등이 있음을 잘 보여주고 있어요. 이러한 맥락에서 불평등을 지켜보는 젊은 사람들이 나와서 뭐라도 해야겠다는 생각이 든 거죠. 젊은 사람들이 원하는 것은 더 나은 삶입니다. 젠더 이슈에서도 동등함을 원하고 사회 보장이 더 나은 상태를 원하는 것이죠.

질문 5 **아나콧마이당, 까우끌라이당, 쁘라차촌당 사이의 차이점이 있을까요?**

오, 아주 다르죠. 아주 아주. 저는 사실 이런 차이에 대해 좋게 생각하지 않아요. 하나는 헌법재판소가 정당을 점점 타협적으로 만든다는 것입니다. 헌법재판소가 한 번씩 정당을 해산할 때마다 정당이 타협을 해요. 아나콧마이당이었을 때 정당은 그들이 말할 수 있는 것과 말하고 싶은 것이 제한되어 있었지만 그래도 그 정당은 실제로 사람들을 움직였어요. 사람들과 궤를 같이했다는 말입니다. 타나턴은 개혁을 하자는 시위에 사람들과 함께했어요. 쁘라차촌당에는 형법 112조 문제에 대해서 함께하려는 국회의원들도 없죠.

질문 6 **지금 집권당과 야당에 각각 1점부터 10점 사이 점수를 준다면요? 1점은 최악, 10점은 최고를 뜻합니다.**

현 정부에는 3점, 야당에는 4점이요. 현 정부에 3점을 줬지만 그들이 뭘 했는지는 고민하고 있습니다. 현 정부를 보면, 연합을 이루는 정당들이 서로 너무 달라요. 의견을 일치하기 쉽지 않죠. 같은 이념 때문에 연합을 형성한 것이 아닙니다. 그래서 지금 나라를 제대로 이끌기가 힘들죠. 모든 정당은 내세우고 싶은 정책이 있죠. 연합에 너무 많은 정당이 있으면 그 정책을 이루기가 힘들어요. 현 정부를 보면 프어타이당에 많은 의원이 있지만 정부가 정책을 입안하기 어렵죠. 다른 정당의 의원들도 있기 때문이에요. 결국 분쟁이 연합안에서 지속되는 거예요. 계속 싸우고 비판하고. 결국 아무것도 할 수 없게 되는 것이죠. 이런 면에서 군부 정권이 나쁜 결정을 할지는 몰라도 일 처리는 굉장히 빠릅니다.

그러면 야당에는 왜 4점을 주었죠?

그들은 아무것도 하지 않기 때문이에요. 나의 기대에 부응하는 것이 하나도 없어요.

질문 7 지금은 왜 시위를 보기 어려워졌을까요?

기본적으로, 우리가 똑같은 일을 반복하면 똑같은 결과를 볼 것이라고 생각하기 때문입니다. 시위에 참여하는 사람들은 좀 더 민주적인 태국을 원하지만 현재의 상황에서는 어렵죠. 현재 민주적인 운동이 굉장히 탄압을 받고 범죄화되고 있어요. 어떤 활동가들은 법원에 가기 바쁘고 몇몇은 망명을 위해 태국을 떠나죠. 현재는 시위에 참여하기 좋은 때가 아닙니다. 굉장히 쉽게 범죄화되고 있어요.

질문 8 그렇다면 2020년에 비해서 2024년에 시위를 볼 수 없는 이유는 무엇일까요?

아, 제가 생각하기에 사람들이 2020년에 시위에 나간 이유는 아나콧마이당 해산 때문입니다. 해산되었을 때 사람들이 무엇이라도 하기 위해서 나가야겠다고 느꼈기 때문입니다. 문제는 시위를 하는 동안 탄압이 있었고, 사람들은 정의롭지 못한 탄압을 목격했어요. 그래서 까우끌라이당이 해산된 때에는 똑같은 방식으로 시위를 하면 탄압이 있을 것이라고 생각했어요. 사람들은 범죄자가 됩니다. 우리가 똑같이 행동하면 탄압을 받게 됩니다.

질문 9 태국은 언제 완전한 민주주의를 얻을 수 있을까요? 당신의 생에 가능하다고 생각하세요?

그럼요. 사람들은 무언가 정치적 행동을 더 많이 하고, 더 많이 압박해야 합니다. 단기적으로 보면 우리가 패배하고 있다고 보일 수도 있어요. 그런데 사람들은 어떻게 새로운 헌법을 제정할지 고민해야 하고 장기적인 관점에서 생각해야 합니다. 그리고 어떻게 감옥에 갇혀 있는 사람들을 도울지 생각해야 해요. 정치 엘리트들이나 통치자들, 그리고 독재자들에게 우리의 메시지가 닿을 수 있도록 더 많이 시위에 나서야 합니다.

■ ■ ■

이렇게 인터뷰를 하고 건물 뒤로 나갔다. 그는 담배를 피우면서 나에게 고맙다고 했다. 태국의 이야기를 이렇게 전해준다니 잘 부탁한다고 했다. 나는 아무것도 아니라고, 앉아서 연구만 하는 사람에게 고맙다고 할 필요는 없다고 했다. 이렇게 말하고 나니 내가 너무 초라해 보였다. 태국에 오기 전에는 가만히 앉아서 바라보기만 했고, 이렇게 어려운 상황일 것이라고는 예상하지 못했기 때문이다. 그리고는 인사를 하고 연구보조원과 랏프라오역으로 걸어갔다. 그에게 물어봤다. 오늘 답변에 대해 어떻게 생각하냐고. 그는 활동가들이 대부분 저렇게 생각할 것이라고 했다. 첫 인터뷰와 비슷한 궤적의 답변을 들으니, 특정 대학의 학생회 사람들이 이렇게 생각하는 것일 수도 있겠다는 의심을 지울 수는 없었다.

그렇지만 동시에 시위의 최전선에 있었던 사람들이 쁘라차촌당을 비롯한 오렌지당에 불만이 많다니 신선한 충격이기도 했다. 오렌지당을 위시해서 단일 대오로 나아가고 있다고 예상했는데 막상 와서 보니 그렇지 않았다. 또한, 단기적으로 보기에 시위에 나가는 것이 탄압을 이끌어내고 운동의 대오를 망가뜨리니 장기적으로 살아남을 수 있는 방법을 강구하고 있다는 사실에 감탄했다. 결국 살아남는 자가 이기는 것이다. 감옥에 갇혀 있는 사람들을 지원하면서 새로운 헌법 개정에 대해 고민하고 있는 장기적인 싸움에 대비해서 말이다. 다음 인터뷰 대상자는 이미 수감 경험이 있는 사람이라는 이야기를 들었다. 한국의 뉴스에도 보도된 바가 있는 인물이다. 그로부터 무슨 말을 들을 수 있을지 정말 기대됐다. 지하철을 타고 집으로 향했다.

세 번째 인터뷰

나타닛 두앙무싯을 만나다

■ ■ ■

20대, 논타부리 출신, 대학생, 여성

두 번째 인터뷰가 끝나고 연구보조원 친구는 다음 대상
자가 여성이라고만 알려줬다. 그래서 여성 활동가의 목소리
를 들을 수 있다는 생각에 기대가 되기도 하고, 첫 번째, 두
번째 인터뷰에서 나타나는 단어 사용과 내용에 대해 교차검
증을 해볼 수 있다는 점에 좋았다. 그런데 누군지 소개해주
겠다고 뉴스 기사를 하나 보내주었는데, 한국어였고 KBS 기
사였다. 그녀가 이미 구속되어 수감된 전력이 있고 보석을
받아 풀려났다는 내용의 기사였다. 나는 이미 그 내용을 본
적이 있었고 멋있는 사람이라고 생각하고 있었다. 그런데 그
런 나타닛을 직접 만난다니. 무슨 이야기를 들을 수 있을까
기대감에 부풀었다.

KBS의 기사에 대해 조금 소개를 하자면, 나타닛은 길거
리에서 사람들에게 왕실 차량 행렬이 시민에게 불편을 끼치
지 않느냐고 설문조사를 하고, 왕실을 위한 세금에 대해 문

제 제기를 했다. 그 뒤에 왕실모독죄로 체포되었다가 전자발찌 착용을 조건으로 석방되었다. 그러나 같은 길거리에서 설문조사를 다시 강행하면서 구속되었다. 수감 중에 단식 투쟁도 시작했다. 그 이후 여론에 못 이긴 태국 법원은 2022년 8월 그녀를 석방하였다. 이후 그녀는 한국 대학에 연수도 왔는데, 인터뷰에서는 한국의 민주주의를 경험하고 싶다고 했다.[18] 그런 기사를 이미 봐뒀고, 나는 그녀의 의지를 아주 잘 알고 있었다.

이번에도 인터뷰 장소가 랏프라오 쪽으로 잡혔다. 나타닛이 학교를 멀리서 다녀서 내가 북쪽으로 조금 올라와줬으면 한다고 했다. 그래서 센트럴 랏프라오에서 가까운 어느 스타벅스에서 만나기로 했다. 돈므앙으로 올라가는 고속도로와 큰 대로 옆에 있는 스타벅스였다. 좀 멀기는 했지만 그래도 그녀를 직접 만날 수 있다는 기대를 갖고 걸었다. 그녀가 도착했고 같이 자리에 앉아 인터뷰를 시작했다. 익명을 원하냐는 말에 그녀는 실명을 사용해도 괜찮다고 했다. 오히려 내가 어려웠다. 왕실에 대해서 내가 우물쭈물대니까 그녀는 거침없는 태도를 보였는데, 그 모습에 매료되고 말았다. 그녀는 22세, 논타부리 출신, 대학생, 여성이다.

질문 1 시위에 참여한 이유가 무엇인가요?

저는 태국 사회에 문제가 있다고 생각했어요. 나서서 목소리를 내야 한다고 생각했죠. 태국 사회에는 구조적인 문제가 있어요. 사회의 격차 문제죠.

학교나 다른 곳에서 참여를 제의받은 적은 있나요?

저는 학생회에 선출되었고요. 선출되기 전에는 학생회와는 별도로 시위를 진행했어요. 학생회에 선출이 되었던 이유가 학생회에서 저의 시위 전력과 능력을 보았기 때문이에요. 그래서 학생회에서 저에게 합류해달라고 했죠. 탐마삿대 학생회에 국원으로 참여하였어요. 학교 본부에 더 많은 영향을 미치고 싶어서 그 이후부터 학생회 활동에 더 집중하기 시작했어요.

그럼 대학 이전에는 정치에 관심이 있었나요?

저는 고등학교 초기부터 정치에 관심을 갖기 시작했어요. 그때는 뉴스도 보고 책도 읽고 그랬죠.

길거리에서 시위를 했던 것은 어떤 이유였어요?

시위에서 친구들을 많이 만났고 그런 지점이 저에게 용기를 주었어요. 대담해질 수 있는 이유였죠. 그렇게 만난 친구들하고 활동을 많이 했어요.

KBS 뉴스에 나온 길거리 시위를 혼자 준비했었나요?

길거리 설문조사 시위는 저 혼자 준비했고 거기서 친구들을 많이 만났어요. 지금까지 이 활동을 이어가고 있어요.

질문 2   젊은 세대를 정의한다면?

제가 생각하기에 젊음이란 나이에 국한되지 않아요. 열린 사고가 있는 사람이 젊다고 생각해요. 변화에 열린 생각을 하는 사람이 젊은 거죠. 민주주의의 가치와도 연결됩니다. 태국의 전통은 다른 의견을 허용하지 않아요. 만약 다른 의견이 있으면 탄압당하거나 감옥에 가게 됩니다. 다른 의견이 공존할 수 있어야 하고 인권의 원칙에 기반해야 합니다. 만약 다른 의견들이 인권의 원칙에 기반하지 않는다면 저는 싫습니다. 태국 사람들은 스스로 헌법으로 보장되는 권리를 잘 알고 인권이 어떻게 탄압되는가에 대해 계속 생각해야 합니다.

질문 3   왜 젊은 사람들이 시위에 더 많이 참여할까요?

그것은 희망이 파괴되었기 때문입니다. 이전에는 희망이 있었는데 윗세대 사람들이 그 희망을 빼앗아 갔어요. 제 주위 한 학생이 이렇게 말했어요. 나가서 무엇이라도 하지 않으면 미래가 없다고요. 내가 그냥 가만히 있으면서 아무것도 하지 않는다면 미래가 없어요. 내가 나선다면 변화를 뭐라도 하나 만들겠죠.

질문 4 젊은 사람들이 나이 든 세대에 비해 정치적으로 다른 점이 무엇일까요?

윗세대는 전통에 문제를 제기하지 않도록 교육받았어요. 그게 태국의 전통이죠. 그들은 권위에 복종해야 하고 반기를 들지 않아요. 그러나 젊은 세대는 의문을 제기할 줄 알아요. 그리고 그 의문을 바탕으로 토론을 할 수 있죠. 윗세대와 충돌이 발생하는데요. 왜냐하면 나이가 많은 세대는 그렇게 살아왔기 때문이에요. 그러한 가치를 가지고 살아왔고 변화를 거부하죠. 젊은 사람은 기술을 통해 정보를 얻고 생각을 하죠. 젊은 사람들은 인터넷을 통해 권리가 무엇인지 정보를 알고 용기를 얻습니다. 교실 안에서만 지식을 얻는 것이 아니죠. 실시간으로 말하고 질문할 수 있게 해줍니다. 교실과 교실 밖에서요. 또 제가 생각하기에 중요한 점은 세계화입니다. 변화와 발전이 우리 눈앞에 있어요. 사람들은 왜 태국이 여전히 발전을 못하는 상태인지 의문스러워합니다. 삶의 질이 더 나아질 수 있어요. 제가 생각하기에 태국은 발전을 위한 부를 가지고 있습니다. 사회 보장을 더 낫게 만들고 좋은 대중교통을 만들 수 있어요. 교육도 마찬가지고요.

질문 5 아나콧마이당, 까우끌라이당, 쁘라차촌당 사이의 차이점이 있을까요?

이념적인 차이를 말하나요? 당 자체를 살펴보면 사법부가 어떻게 개입하느냐에 따라서 그 정당의 협상 능력이 올라가기도 하고 내려가기도 합니다. 헌법재판소에 의해서 해산되잖아요? 그것에 적응을 어떻게 하느냐의 문제입니다. 제가 생각하기에 쁘라차촌당은 타협할 준비를 하고 있는 것 같아요. 그들은 과거로부터 뭘 배우는 능력이 없는 것 같아요.

질문 6 지금 집권당과 야당에 각각 1점부터 10점 사이 점수를 준다면? 1점은 최악, 10점은 최고를 뜻합니다.

정부에는 5.5점을 주고 싶어요. 이유는 정부의 혼돈을 보았기 때문입니다. 최근 기존 총리가 교체되고 신임 총리가 취임했죠. 정부는 무언가 능동적으로 해보려는 것 같은데 어려워 보여요. 인권의 측면에서는 2점을 주고 싶어요. 인권에 대해서는 잘 보장하고 있지 않아요. 반대파에게는 7.5점을 주고 싶습니다. 이유는요, 새로운 정당의 지도부는 정치적으로 매력적이지 않습니다. 그들은 뭐라도 하려고 노력하지만, 만족스러운 지점이 아니에요. 쁘라차촌당은 아마도 혹시나 있을 또 다른 해산을 두려워하죠. 그들은 행동하는 지점에서 능동적이지 않습니다.

질문 7 지금은 왜 시위를 보기 어려워졌을까요?

첫 번째 이유는 사람들이 시위에 참여하기에 너무 지쳤기 때문이에요. 상황이 장기화되었으니까요. 그리고 경제적인 요인이죠. 무슨 뜻이냐면, 사람들이 그들의 삶으로 돌아가야 했기 때문이에요. 코로나19가 본격적으로 창궐하고 2년 뒤 지금 젊은 사람들은 정치적으로 활발하게 활동하지 않아요. 제가 생각하기에는 온라인 경제에 오르락내리락이 있는 것 같아요. 경제에 구조적인 변동이 생기면 사람들은 거기에 맞춰 적응을 해야 하죠. 온라인 플랫폼에 있는 세대는 새로운 아이디어를 가지고 경제 활동을 위해 노력해야 합니다. 그래서 시위가 줄어들었다고 생각해요.

질문 8 그렇다면 2020년에 비해서 2024년에 시위를 볼 수 없는 이유는 무엇일까요?

아나콧마이당이 있었을 동안은요, 아나콧마이당은 젊은 사람들의 희망이었어요. 태국 정치에 뭔가 새로움을 주었고 젊은 사람들이 좋아하고 당에 대해 만족했죠. 하지만 정당이 해산되었을 때, 희망이 파괴되었어요. 그 당시 정부에 반대하는 젊은 사람들이 많았고, 그래서 다들 바깥으로 나와서 시위를 한 거죠. 희망의 파괴와 정부에 대한 반대가 시위를 이끌었던 것입니다. 까우끌라이당의 해산이 있었을 때는, 거의 똑같은 이유죠. 지쳤어요. 그런데 해산 이전에, 까우끌라이당이 해산에 대해서 대중들에게 이야기를 했고, 재창당이 있을 것이라고 했습니다. 해산이 그다지 나쁘지 않다고 대중에게 말했어요. 저는 사실 해산이나 재창당에 대해 놀라진 않았어요. 까우끌라이당이 지속적으로 유권자들에게 다음 정당을 준비한다고 말했으니까 저도 그렇게 생각했죠. 그런데 사실 유권자들이 까우끌라이당을 지지했던 이유는 시위에 참가하기 위해서였어요.

혹시 쁘라차촌당에 더 원하는 것이 있나요?

헌법재판소가 뭐든 할 수 있는 큰 힘을 가지고 있는데요. 저는 쁘라차촌당이 좀 더 많이 부딪혔으면 좋겠어요. 쁘라차촌당의 지도부가 최근 인터뷰에서 다음 선거에서 다수당이 될 거라고 말하죠. 그런데 상원에서 쁘라차촌당을 지지하는 의원이 아무도 없어요. 타협을 그만했으면 좋겠어요. 일어나서 싸워야죠. 그런데 타협을 하고 있어요. (쁘라차촌당은) 그냥 이제까지 존재했던 태국의 평균적인 정당밖에 안 돼요. 타협하고 있어요.

■ ■ ■

　마지막 질문의 답을 담을 수가 없다. 그녀의 깊은 생각을 들을 수 있었지만 혹여나 그녀의 안전에 문제가 생길 수

나타닛 두앙무싯(왼쪽)과 나(오른쪽)

있겠다 싶었다. 너무 깊은 이야기를 담으면 그녀가 위험에
처할 수도 있으니까 말이다. 이 말을 듣는 순간, 이것은 연구
의 대상이라기보다는 언론 보도의 대상임을 느낄 수 있었다.
태국의 발전에 대해 의견을 피력하는 사람들의 목소리를 재
단해서 연구 목적에 맞게 사용하는 것보다 이들이 직접적으
로 어떻게 생각하는지 전달하는 게 더 중요하다는 생각을 하
게 되었다. 그래서 연구 논문보다는 이런 형식으로 인터뷰를
소개하는 것이 더 좋겠다는 생각이 들었다. 그녀의 말에서
그녀가 무엇보다 그녀의 조국인 태국을 사랑한다는 것, 그리

고 태국의 경제적, 정치적 발전을 누구보다 치열하게 고민하고 있다는 것을 느꼈다.

그렇게 인터뷰를 한 다음 사진을 찍자고 했다. 활짝 웃으며 사진을 찍고 있지만 나의 속은 너무나 복잡했다. 스물둘의 젊은 학생이 이렇게 정치에 대해 고민하는 것을 보니 나 스스로가 부끄럽기도 하고, 나는 민주주의에 대해서 얼마나 생각해보았는지 돌아보는 계기가 되었다. 지금은 모두들 조용히 있지만 다들 마음속으로는 나서서 시위에 참여하고 정치 개혁을 원하고 있음을 확인한 인터뷰였다. 젊은 사람들이 꿈꾸는 태국은 어떤 모습인지 계속 누적해서 이야기를 쌓아나가야겠다는 생각을 하면서 센트럴 랏프라오로 걸어갔다. 그리고 다시 집으로 향했다.

네 번째 인터뷰

감옥에서 석방된 이후의
삶에 대하여

■ ■ ■

20대, 동북부 출신, 기술학교 졸업, 남성

연구보조 친구의 자동차가 고장이 났다. 이번 인터뷰 대상자의 집이 제법 멀다고 했는데 어떻게 해야 할지 고민이 되었다. 나를 데리러 오면 교통이 혼잡해 고생할 테니 택시를 함께 타고 가기로 했다. 우리 동네로 친구가 와 같이 택시를 잡아서 타고 가는데 친구가 오늘은 "탈루가즈(Thalugaz: Break through tear gas)"라는 단체의 본부처럼 쓰이는 집에 간다고 했다. 모두들 그곳에서 합숙하면서 시위에 나가기도 하고 거주한다고 했다. 그런 곳에 내가 가서 활동가들의 목소리를 들을 수 있다니 얼마나 영광인가. 그 집에 내가 가도 되는 것인가, 실례가 아닌가 하는 생각이 들었지만 기대를 멈출 수 없었다.

도착하니 파마 머리를 하고 검은 티셔츠에 통이 넓은 청바지를 입은 청년이 우리를 맞이해줬다. 그의 이름은 까탁톤 다폼. 그는 나에게 담배를 먼저 피우겠다고 했다. 그리고 바

같은 더우니 에어컨이 틀어져 있는 방 안에서 인터뷰를 하자고 했다. 집 앞에서는 탈루가즈 일원의 누나가 계란 덮밥, 너겟 등을 팔고 있었다. 연구보조 친구는 먹어서 그들을 지원해준다며 이것저것 주문을 했다. 이럴 줄 알았으면 점심을 먹지 말고 오자고 하지, 먹고 온 것을 후회했다. 그렇게 보조친구가 먹는 것을 기다리면서 나도 동네를 좀 둘러보았다. 검은 티셔츠에 새겨진 문구는 "112*를 폐지하라(ยกเลิก 112)"였다. 인상적이었다. 말수도 적어 보이고 점잖은 인터뷰 대상자가 시위에 적극적이고 탈루가즈를 이끌다니, 그의 이야기를 너무나 듣고 싶었다. 탈루가즈는 위의 영어 명칭에서도 볼 수 있는 것처럼 "최루탄을 넘어"라는 이름의 단체이다. 2021년 이후 탈루가즈는 노동자와 소외된 계층을 대변하면서, 최루탄과 물대포에 대항해 사제폭탄, 화염병으로 저항해왔다.[19] 인터뷰는 태국어-영어 순차통역으로 진행되었다.

질문 1 시위에 참여한 이유가 무엇인가요?

스무 살 무렵부터 저는 정치를 공부해왔어요. 군부 독재가 어떤 방식으로 정치와 민주주의에 개입하는지 알고 있었고

---

* 여기서 112는 대표적인 왕실모독죄 조항으로 일컫는 형법 112조를 의미한다. 왕실개혁운동 세력은 형법 112조가 개정 혹은 폐지되어야 한다고 주장한다.

그것이 결코 정당하지 않다는 걸 느꼈죠. 군부가 정권을 잡은 뒤로 나라 상황은 점점 더 나빠졌고요. 그건 분명 잘못된 방향이었어요. 하지만 단지 그것만이 시위에 나가게 된 이유는 아니에요. 거리에 나선 사람들을 보며 저도 그 힘의 일부가 되고 싶다는 생각이 들었어요. 함께 목소리를 내는 사람들이 있기에 저도 그 에너지를 공유하고 싶었고요. 같은 열망을 가진 사람들과 함께 있고 싶었습니다.

시위 전에 다른 사람들과 참여에 대해서 이야기를 했었나요? 같이 나가자고 했었나요? 처음 시위에 나갔을 때를 기억하나요?

처음 시위에 나갈 땐 혼자였어요. 머릿속으로 생각만 하다가 어느 날 오토바이를 타고 직접 시위 현장으로 향했죠. 그런데 놀랍게도 그곳에서 많은 친구들을 만나게 되었어요. 시위 현장에서 만난 사람들이 제 진짜 친구가 되었죠.

그럼 주위 사람들에게 나가자고 독려도 해봤나요?

주변 사람들에게 함께 가자고 한 적은 없어요. 누군가에게 시위에 나가라고 강요할 수는 없다고 생각했어요. 물론 '같이 가볼래?' 정도는 말할 수 있겠지만 체포나 폭력에 노출될 위험이 있는 상황이잖아요. 그런 위험을 감수하라고 말하는 건 무책임한 일이니까요.

지금의 젊은 세대는 확실히 이전 세대와는 달라요. 더 열린 사고방식을 가지고 있고 더 많은 가능성을 보고 있어요. 세상은 빠르게 변화하고 있고 새로운 시스템도 속속 등장하고 있죠. 그런데 정작 정치 체제는 그 변화를 따라가지 못하고 있어요. 그래서 젊은 세대는 현재의 정치가 자기 세대에 맞지 않다고 느끼는 거예요.

혹시 새로운 세대의 범위에 특정 나이 범주가 있다고 생각하나요?

특정한 나이대로 '새로운 세대'를 딱 잘라서 구분하긴 어려워요. 예전엔 학교를 졸업하면 직장에 들어가는 게 일반적이었지만 지금은 다양한 삶의 방식이 있잖아요. 소셜미디어를 기반으로 생계를 이어가는 사람들도 있고요. 새로운 세대는 훨씬 더 많은 길을 갈 수 있어요. 그렇지만 여전히 '접근할 수 없음'이라는 제한은 있어요. 자아실현의 기회를 막는 장벽, 또는 디지털 플랫폼 접근에 대한 제약 같은 것들이요. 경제적 불평등이죠.

그럼 정치적으로도 제한을 받고 있다고 생각하나요?

이건 정치적인 영역에서도 마찬가지예요. 많은 젊은이가 어떻게 시위에 참여할 수 있는지, 어떻게 캠페인에 나설 수 있는지조차 모르고 있어요. (1976년) 10월 6일 학살이나 (1973년) 10월 14일 민주 항쟁에 대해서도 모르는 이들이 대부분이에요. 이런 역사와 현실은 학교에서 제대로 배우지 못하죠. 저는 시위에 참여하면서 그런 걸 비로소 느끼고 배웠어요.

지금도 감옥에 있는 활동가들이 있는데 사회는 그에 대해 아무 말도 하지 않아요. 언론도 마찬가지예요. 2020년과는 다르게 이제는 시위에 대한 보도를 찾기가 어려워요. 정치 뉴스는 주로 의회나 정당 이야기뿐이고 거리에서 싸우는 사람들에 대해선 거의 다루지 않거든요. 정치를 직접 경험하고자 하는 젊은 세대에겐 그 자체가 장벽이에요.

질문 3 **왜 젊은 사람들이 시위에 더 많이 참여할까요?**

많은 젊은 사람들이 시위에 나서는 이유는 진실을 알고 그것을 말하고 싶기 때문이에요. 단순히 정당 정치에 대한 불만 때문이 아니에요. 더 근본적인 제도, 우리가 살고 있는 시스템에 대한 문제의식을 느끼게 되기 때문이죠. 그리고 그런 정보를 접하고 그것이 진짜라고 믿게 되는 순간에 사람들은 거리로 나서요.

어떤 특정 제도에 대한 진실을 드러내는 것이 위험하지는 않나요?

물론 위험도 커요. 태국 정치의 진실을 이야기하면 처벌받게 되죠. 저도 그걸 잘 알아요. 실제로 저는 1년 반 동안 수감 생활을 했고 지금도 조사를 받고 있어요..

질문 4 젊은 사람들이 나이 든 세대에 비해 정치적으로 다른 점이 무엇일까요?

솔직히 저는 그렇게 다르다고 생각하진 않아요. 예를 들어 레드 셔츠 운동을 보면, 그분들이 겪었던 상황은 지금 우리가 겪는 것보다 훨씬 더 열악했어요. 그들은 훨씬 더 강한 탄압을 받았고, 수백 명이 목숨을 잃었죠. 물론 우리도 몇 명이 희생되었지만, 그 정도의 탄압은 아니었어요. 정치적인 맥락에서는 세대 간에 그렇게 큰 차이가 없다고 느껴요. 오히려 우리는 같은 싸움을 조금 다른 시기에 이어가고 있을 뿐이에요.

그러면 활동가 간의 세대 차이보다, 사회에서 일반적인 세대 차이가 더 있다고 생각해요?

그렇다면 활동가들 사이보다는 사회 전반에서 세대 차이가 더 크게 느껴지냐고요? 글쎄요. 요즘 사람들은 정치적으로 적극적이지 않아요. 특히 자기 권리를 위해 싸우는 데 있어서요. 스스로 뭔가를 바꾸려고 하기보다는 조용히 지켜보는 쪽을 선택하죠.

질문 5 아나콧마이당, 까우끌라이당, 쁘라차촌당 사이의 차이점이 있을까요?

아나콧마이당, 까우끌라이당, 쁘라차촌당, 이 정당들 사이에 차이가 있냐고요? 저는 솔직히 큰 차이가 있다고 생각하지 않아요. 물론 정당마다 스타일이나 어조는 다르겠지만 본질적인 면에서는 비슷하다고 느껴요. 저는 정치적 이상과 신념을 중요하게 생각하는 사람이에요. 예를 들어 헌법 개정이라든가, 수감 중인 활동가들에 대한 입장 같은 문제들 말이에요. 이런 중요한 문제들은 정당이 아니라 시민들의 싸움 속에서 변화가 시작된다고 믿어요. 그래서 저는 늘 '더 나은 시기'를 기다리는 데 회의적이에요. 그냥 정당을 믿고 기다리기만 해서는 아무것도 달라지지 않거든요. 2020년의 시위를 돌아보세요. 사람들이 어떻게 모였고 어떻게 외쳤는지를요. 그게 바로 거리의 힘이에요. 그래서 저는 정당이 아니라, 사람들의 시위를 믿습니다.

질문 6 지금 집권당과 야당에 각각 1점부터 10점 사이 점수를 준다면요? 1점은 최악, 10점은 최고를 뜻합니다.

저는 정부에 5점을 줄 거예요. 최근 북부 지역의 홍수 상황을 보면 정부가 구호 인력을 파견하고 원인을 조사하긴 했어요. 물론 그 대응이 그렇게 훌륭하진 않았지만요. 지금 풀뿌리 민중들은 너무나 큰 경제적 고통을 겪고 있어요. 물가는 너무 오르고 월급만으로는 기본적인 삶을 유지하기도 어려운 상황이에요. 정부가 이를 제대로 해결하지 못하고 있다고 생각해요.

그럼 반대파 정당에는요?

7점입니다. 저는 쁘라차촌당을 말하는 건데요. 그래도 프어타이당보다는 낫거든요. 그들은 활동가들을 그래도 챙기고 활동에 참여합니다. 그들은 수감된 활동가들의 편이에요. 최근 들어 수감된 활동가들에 대해서 더 이상 말하지는 않지만 그래도 관심이 있을 것 같아요. 쁘라차촌당이라면요.

질문 7 **지금은 왜 시위를 보기 어려워졌을까요?**

요즘 예전처럼 거리에서 시위를 보기 어려운 이유가 있어요. 다섯 가지 정도로 정리할 수 있을 것 같아요. 첫째, 사람들이 더는 거리로 나서는 걸 가볍게 결정할 수 없기 때문이에요. 각자 책임져야 할 일들이 있잖아요. 가족, 생계, 일자리 같은 것들이요. 시위에 참여하는 것 자체가 삶에 큰 영향을 미칠 수 있으니까요. 둘째, 거리 시위에는 물리적 폭력이 따르기도 해요. 직접적인 위협과 두려움이 있어요. 셋째, 국가가 형사재판을 통해 사람들을 억누르기 때문에 더 조심스러울 수밖에 없어요. 단순한 참여가 곧바로 기소로 이어지니까요. 넷째, 경찰의 감시와 위협도 일상적으로 존재해요. 실제로 경찰이 매일 우리 집에 찾아와서 사진을 찍어 가요. 이건 엄청난 압박이에요. 그리고 다섯째, 직장 문제예요. 경찰이 직장까지 찾아오거든요. 그러면 회사에 민폐가 되고 결국 일자리를 잃을 수도 있어요. 이런 여건에서 사람들이 거리로 나서는 게 훨씬 어려워진 거죠.

질문 8 그렇다면 2020년에 비해서 2024년에 시위를 볼 수 없는 이유는 무엇일까요?

저는 아나콧마이당이 굉장히 용감한 정당이었다고 생각해요. 태국 사회의 중심에서 가장 민감하고 중요한 의제들, 형법 112조 개정, 헌법 개정 등을 공론화했죠. 사람들이 진심으로 원하던 어젠다를 꺼내준 정당이었어요. 그런데 많은 사람이 아나콧마이당처럼 까우끌라이당도 해산될 거라고 예상하고 있었어요. 그래서 어차피 똑같은 일이 반복될 텐데, 우리가 또 거리로 나서야 할까 하는 회의감이 컸던 거예요. 첫 번째 정당이 해산됐을 때도 아무것도 바뀌지 않았는데, 두 번째 해산은 다를 거라고 믿기 어려웠던 거죠. 결국 사람들은 알고 있었어요. 해산 이후에 무슨 일이 일어날지를요.

질문 9 태국은 언제 완전한 민주주의를 얻을 수 있을까요? 당신의 생에 가능하다고 생각하세요?

태국 헌법이 개정되지 않는 이상 완전한 민주주의를 얻는 것은 절대 불가능하다고 생각합니다. 우리는 완전한 민주주의를 얻을 수 없어요. 우리는 정부와 특정한 제도에 대해서 말할 수 있는 자유를 가져야 합니다. 만약 제도에 문제가 있다면 사람들은 말할 수 있어야죠! 아마 제 인생 중에는 어려울 수도 있을 것 같아요. 제 인생에서 일어날 수도 있겠죠. 비관적이지만 그래도 조금은 낙관적입니다.

혹시 모든 이야기를 마무리하기 전에 꼭 하고 싶은 말이 있나요?
저는 탈루가즈 그룹에서 활동하고 있어요. 우리의 싸움은 여전히 진행 중이고, 싸워나가는 과정에 있습니다. 저는 많은 기자들과 뉴스 미디어에서 우리에게 말을 걸어주었으면 좋겠습니다. 오늘 와주어서 정말 고마워요. 지금 알려지고 있는 것보다 민주주의를 위해 싸우는 사람들에 대한 기사가 더 많아졌으면 좋겠습니다. 저는 다른 사람들이 감옥에 수용되어 있는 활동가들에 대해서 더 알았으면 좋겠습니다. 저는 사람들이 투쟁을 통해서 민주주의를 쟁취할 수 있다는 것을 알았으면 좋겠습니다.

■ ■ ■

그의 목소리는 조용하고 낮았지만 누구보다 단호했고 확신에 차 있었다. 그렇게 단호한 어조에 존경을 표한다고 전했다. 이미 수감된 경험도 있고 무서움을 느끼고 있지만 사람들의 투쟁을 믿는 그의 용감함에 경의를 표할 뿐이었다. 그렇게 인터뷰를 마치고 나오면서 사진을 찍었다. 카메라의 화질이 좋지 못해서 마치 1990년대의 사진처럼 나왔지만 존경스러운 사람과의 사진 촬영이란 언제나 좋은 것이었다. 사진에는 나오지 않지만 나는 그의 어깨 뒤에 손을 올렸다. 앞으로 이 친구가 어떻게 지내는지 계속 알고 지내고 싶어졌다. 지금도 페이스북과 인스타그램을 통해 가끔 소식을 주고받는다.

인터뷰 이후, 귀국하기 이전에 나는 "따"를 한 번 더 만날 수 있었다. 그를 나의 최종 논문 발표회에 초대하였다. 그때도 참여한 사람들과 태국 정치의 미래에 대해서 논의하였는데 역시 그의 모습은 참 멋있었다. 다른 사람들의 말을 경청하다가 중요한 순간에 말을 조용히 보태는, 언제나 겸손함이 가득한 멋있는 사람이다. 그의 삶이 조금이라도 더 행복하기를. 태국 사회의 미래에 대해 치열하게 고민하는 그에게 행운이 있기를.

다섯 번째 인터뷰

아마도 20년 안에
민주화가 이루어지지 않을까

■ ■ ■

20대, 동부 출신, 중고교 중퇴, 논바이너리

다음 인터뷰 대상자에 대해서 친구로부터 소개를 받았다. 성소수자인데 논바이너리로 정체화하고 있다고 했다. 반가웠다. 여성에 이어서 논바이너리인 사람을 만날 수 있다는 사실이 좋았다. 여러 이야기를 듣고 모두가 그리고 있는 태국 사회의 미래를 들을 수 있다니 얼마나 좋은가. 장소는 생각보다 우리 집에서 가까웠다. 아직 친구의 차가 수리되지 않아서 프라람9역에서 만나 또 택시를 타고 가기로 했다. 가까우니 택시비도 얼마 안 나오고 괜찮을 것 같았다. 그렇게 인터뷰 대상자의 콘도로 도착했다.

　　원래는 그 친구의 콘도 안에서 만날 줄 알았는데, 그가 내려온다고 했다. 콘도 건물에 있는 커뮤니티 공간에서 인터뷰를 진행하자고 했다. 에어컨이 그다지 작동이 잘 되지 않고 모기가 날아다녀서 방콕에서 처음으로 모기에 물려보았다. 태국의 모기가 물면 어떻게 되는지 아주 잘 알게 되었다.

모기도 쫓고 인터뷰 대상자의 말도 들으면서 가장 긴 시간 인터뷰를 진행했다. 묻지 않은 것까지 말해주어서 추가 질문이 가장 많았던 인터뷰다. 그는 112로 조사를 받고 있는 활동가였지만 동시에 프어타이당을 지지하는 사람이었다. 프어타이당은 현재의 집권당이다. 활동가들은 오렌지 정당과 가깝거나 프어타이당을 반대하기 때문에 그와 친하지 않은 경우도 많다고 들었다. 그래서 이번 인터뷰에서 그가 다른 사람들과 어떤 다른 이야기를 해줄지 궁금했다. 그래서 생각도 많아졌고 감사했다. 인터뷰는 태국어-영어 순차통역으로 진행되었다.

질문 1 **시위에 참여한 이유가 무엇인가요?**

저는 문제가 많은 가난한 가정에서 태어났어요. 그것으로부터 정치에 대한 관심이 시작되었다고 보면 되겠습니다. 왜냐하면 저는 집에 있기가 싫어서 바깥으로 많이 나갔거든요. 바깥으로 나가 많은 사회적 문제를 직면하게 되었습니다. 아버지가 시위에 나갔거든요. 레드 셔츠였고 저에게 영향을 미쳤죠. 2010년경이었어요. 제가 고등학교 2학년 즈음에 집에 경제적인 어려움이 닥치는 바람에 학교를 그만둘 수밖에 없었어요. 그리고 관광직업학교에 들어가게 되었죠. 거기서 공부를 하다가 정치적 문제들을 봤어요. 그게 제가 열일곱 살

때입니다. 그때 시위에 나가야겠다고 생각했죠. 집의 경제적 문제에 상관없이 나가야겠다고 생각했어요. 그리고 저는 군부 쿠데타로 세워진 정부를 좋아하지 않았거든요. 태국의 교육을 좋아하지 않았어요. 과거로 회귀하는 것 같잖아요. 그리고 학생들을 세뇌시키는 것 같았거든요. 제가 시위에 나가게 된 또 다른 이유는 군부 쿠데타가 어떻게 헌법을 파괴하는지 보았기 때문이에요. 마지막 이유는 특정한 제도에 관한 물음 때문이었죠. 태국 사회는 아주 보수적이고 다른 시각을 받아들이려고 하지 않아요. 저는 이제 세금이 어떻게 쓰이는지 그리고 우리가 왜 (왕실을) 숭배해야 하는지 생각하게 된 거죠. 이런 것들이 많은 질문을 하게 만들었어요.

시위 참여에 아버지의 영향이 컸나요?

아버지의 영향력이 100%였다고 보면 됩니다. 저의 활동에 뿌리 깊게 영향을 미쳤어요. 2010년의 상황을 보면 진압 과정에서 2020년보다 더 많은 폭력이 있었어요. 사람들도 죽었고요. 이때 저는 사람들이 왜 시위에 나가고 레드 셔츠가 뭔지 몰랐어요. 태국 사회의 양극화에 대해서도요. 그때 TV를 보는데 군부에 대한 이야기가 나왔거든요. 군부 쿠데타의 독재자가 집권을 하는데 그 쿠데타에 대해서 제가 문제를 제기하게 된 거죠. 사람들은 당시 군부 출신의 총리를 조롱하고 풍자하기 시작했고 아버지가 저에게 큰 영향을 미쳤다는 것을 알게 되었죠. 제가 14살, 15살일 때에 선생님, 친구들과 정치에 관해 이야기를 했어요. 그럴 때마다 친구들이 저와 함께 있고 싶지 않아 한다는 것을 알게 되었죠. 왜냐하면 그들은 저를 너무 급진적이라고 생각했고, 저에게 왜 정치에 대해서 그렇게 많이 말하냐고, 저한테 왜 그렇게 급진적이냐고 물어보기도 했어요.

질문 2 젊은 세대를 정의한다면요?

저는 '정부가 우리에게 부과하는 속박으로부터 벗어나려고 하는 의지가 있는 사람들'이 2020년에 시위에 나선 새로운 세대였다고 생각해요. 정부가 우리를 통제하고 이끌고 싶어 하는 속박으로부터 벗어나는 거요. 왕실에 대한 이야기라든지, 군부 쿠데타에 대한 이야기라든지 모두 다 포함되는 거죠. 왕실에 대한 이야기를 해도 되나? 이거 모두 익명 처리되는 거 맞죠? 왕실과 군부가 부과하는 속박을 싫어해요. 사람들은 이러한 속박에서 벗어나고 싶어 하죠. 저는 새로운 세대는 자유롭게 할 말을 하고 서로를 존중하는, 주체적으로 깨어 있는 사람들이라고 생각해요. 그게 제가 정의하는 젊은 세대예요.

혹시 그런 것이 나이와 관계가 있나요?

아니요. 저는 나이와는 상관이 없다고 생각해요. 오히려, 사람들이 깨어 있고 스스로 정부가 부과하는 속박으로부터 벗어나려는 생각이 있다면 젊다고 생각해요.

질문 3 **왜 젊은 사람들이 시위에 더 많이 참여할까요?**

왕실 문제에서부터 시작됐어요. 사람들이 왕실에 대해 더 자유롭게 이야기할 수 있게 되었고, 그게 곧 사회적 규범처럼 자리 잡기 시작했죠. 이런 변화가 젊은 세대를 거리로 이끈 중요한 추동력이었어요. 예를 들어, 이제는 영화관에서 왕실을 향해 일어서지 않는 사람이 많아졌어요. 사람들은 왕실뿐 아니라 태국의 정치, 통치 구조, 그리고 반복되는 쿠데타에 대해서도 목소리를 내기 시작했죠. 왕실에 대한 문제 제기가 젊은 세대의 시위 참여에 큰 영향을 준 거예요. 사람들은 6년 넘게 이어진 쁘라윳(2014년, 쿠데타를 일으킨 후 9년간 집권한 전 총리) 정권의 정당성에 의문을 품기 시작했어요. 그들이 어떻게 권력을 잡았는지, 그 통치가 어떤 결과를 가져왔는지를 알게 된 거죠. 그리고 선거 결과에 대해서도 의문이 제기됐어요. 공정하지 못한 선거 절차, 상원의 역할에 대한 불신, 여기에 경제 상황의 악화까지 겹쳤어요. 이런 요소들이 사람들을 거리로 이끌었습니다.

질문 4 **젊은 사람들이 나이 든 세대와 비교해 정치적으로 다른 점이 무엇일까요?**

제 생각에 젊은 세대는 자유를 추구하고 젠더와 평등의 문제에 있어서도 자기 자신으로서 존재하길 원하는 사람들이에요. 문화와 전통에 대한 태도에서도 이전 세대와 큰 차이가 드러나죠. 전통적으로 여성은 얌전해야 하고 예의가 바를 것을 기대받아 왔어요. 하지만 새로운 세대는 그렇게 생각하지 않아요. 여성은 무엇이든 입을 수 있고 어떻게 행동하든 자유로워야 한다고 믿어요. 그리고 새로운 세대는 자신이 믿지 않는 것에 대해서는 의례적으로 존중하거나 맹목적으로 따르지 않아요. 반면 나이 든 세대는 여전히 왕실을 중요한 국가 기관으로 여기고, 그것이 국가의 안정을 지탱하는 중심이라고 믿죠. 하지만 젊은 세대는 그렇게 생각하지 않아요. 왕실은 더는 그들에게 마음의 중심이 아니에요.

혹시 당신의 아버지와 차이점이 있다고 생각하나요?

아버지와 차이점이 있다고 느껴요. 정치적인 방향성은 비슷할 수 있지만 아버지는 어떤 사안에 대해 직설적으로 말하는 것을 꺼리세요. 그런 말이 탄압을 불러올 수 있기 때문이죠. 하지만 저는 생각이 달라요. 말하지 않으면 사회는 그 문제에 관심을 두지 않게 되고 결국 상황이 더 악화된다고 믿어요. 그래서 저는 언제나 직접 말하려고 노력해왔어요. 한때 저는 마치 전쟁터에 있는 사람처럼 아주 공격적으로 말하는 사람이었어요. 그 당시 저는 우리 세대가 더 많은 열망을 가지길 바랐죠. 저는 무언가 사람들에게 영향을 주고 싶었어요. 같은 세대의 친구들에게도요. 왜냐하면 지금 사회는 점점 정치적인 문제에 무관심해지고 있기 때문이에요.

질문 5 **아나콧마이당, 까우끌라이당, 쁘라차촌당 사이의 차이점이 있을까요?**

정당의 이름이 바뀌었더라도, 그 정당이 지닌 정치적 이념까지 바뀐 건 아니라고 생각해요. 변한 것은 그들이 처한 정치적 환경, 그리고 그 안에서 벌어지는 협상과 게임의 방식이죠. 즉, 정당이 대중과 소통하는 방식, 변화를 이야기하는 어조, 전략 자체가 달라졌다는 거예요.

그들의 전략이 어떻게 변했다고 생각하나요? 그렇게 변하게 된 이유는 무엇이죠?

제가 가장 크게 느낀 변화는 탁신의 귀환이 가지는 정치적 의미였어요. 그가 돌아왔다는 사실은 단순한 복귀가 아니라 정치적 협상의 결과라는 점에서 중요하다고 봐요. 특히 예전처럼 하원에서 압도적으로 승리한 전직 총리의 귀환이기 때문에 이 안에 많은 상징과 정치적 무게가 담겨 있다고 느꼈죠. 하지만 동시에, 예전처럼 탁신이 직접 협상의 중심에 서서 정치를 주도하기는 어려울 거라고 생각해요. 과거에는 의회에서 다수당을 이끌면서 직접적인 힘을 가졌지만 지금은 상황이 많이 다르니까요.

그럼 앞으로도 탁신이 미치는 영향이 그만큼 클 거라 생각하나요?

저는 그렇지 않다고 봐요. 지금의 젊은 세대는 특정 정치인이나 기관에 충성하지 않아요. 탁신이 귀국했을 때, 많은 젊은 유권자들은 프어타이당이 아닌 다른 정당이나 후보를 지지했잖아요? 이건 명확한 메시지예요. 지금 정치 지형은 많이 달라졌어요.

질문 6 **지금 집권당과 야당에 각각 1점부터 10점 사이 점수를 준다면요? 1점은 최악, 10점은 최고를 뜻합니다.**

현 집권 정당에는 6점을 주고 싶네요. 지금 집권 정당이 무엇을 하기는 아주 어려워요. 모든 정당이 미래의 선거에서 표를 얻기를 원하거든요. 프어타이당과 연립 정당들이 어떤 정책에 대해서 공통으로 동의를 하고 같은 의견을 가지고 있을지라도요. 그러나 그들은 동시에 싸워요. 그건 미래의 선거에서 표를 얻기 위해서죠. 어떤 정책을 위해서 다른 정당들이 연립을 한다는 것은 또 대립을 만들어냅니다.

야당에는요?

8점이요. 쁘라차촌당은 태국 정치 지형에 새로운 요인이죠.

저는 다른 당을 지지하긴 하지만 오렌지 정당은 어떤 이슈에 대해서 더 솔직하게 이야기하고 집권당이 침묵하고 있는 사안에 대해 관심을 갖죠. 그리고 저는 야당이 그들이 할 수 있는 어떤 것이든 해야 한다고 생각합니다. 그리고 다음 선거에서 집권당이 되기 위해 투표를 받아야 하죠. 그래서 정부의 약한 부분을 볼 수 있어야 합니다. 그리고 효과적으로 정부를 공격할 수 있어야 한다고 생각합니다. 그래서 저는 야당에 더 높은 점수를 주었습니다.

쁘라차촌당이 특히 잘하는 부분이 무엇이라 생각하나요?

쁘라차촌당은 의회에서 압박하는 역할을 하죠. 특히 새로운 세대가 관심을 갖고 있는 의제에 대해서요. 이것이 새로운 세대가 쁘라차촌당이 밀고 있는 어젠다에 크게 반응하는 이유라고 생각합니다.

질문 7 지금은 왜 시위를 보기 어려워졌을까요?

제가 느끼기에는 많은 시위가 있었는데, 왜냐하면 왕실이라는 이전에 없었던 큰 주제가 새로운 스파크를 불러왔기 때문입니다. 로열 마켓플레이스라는 20만 팔로워의 페이스북 페이지가 있었어요. 알고 계시나요? 왕실에 대해서 비판하는 곳인데요. 아주 새롭고 신선한 자극이었죠. 그때는 코로나19 팬데믹의 시기였고 세계 경제가 아주 문제였어요. 그때 태국 사람들은 정부가 불안정하다고 생각했어요. 그들은 그때 나가서 시위를 해도 잃을 것이 없다고 생각했어요. 그런데 좀 시간이 지나고 선거가 실시되면서 새로운 총리가 취임을 하고 시위에 나갈 필요가 없어진 거죠.

질문 8 그렇다면 2020년에 비해서 2024년에 시위를 볼 수 없는 이유는 무엇일까요?

사람들이 지쳤기 때문이에요. 힘이 빠졌죠. 코로나19가 없었을 때로 돌아가고 싶은 거죠. 사람들은 일터로 돌아가고 자신의 평범한 일상으로 돌아가기를 원했어요. 사람들은 지쳤고 코로나도 없어졌으니 그들의 인생으로 돌아가고 싶어 해요.

다른 이유가 있을까요?

까우끌라이당이 해산되었을 때, 사람들은 어디로 가야 할지도, 누가 시위를 이끌지도 몰랐어요. 결국 문제는 '장소'였어요. 사람들이 모일 수 있는 공간, 시위의 중심이 될 플랫폼이 없었던 거죠. 아나콧마이당이 해산됐을 때와는 상황이 달랐어요. 그때는 사람들이 모일 수 있는 자리가 있었고, 정당 자체가 플랫폼 역할을 했어요. 아나콧마이당은 젊은 세대가 중요하게 생각하던 이슈를 정면으로 다뤘고, 그들에게 새로움을 상징하는 정당이었죠. 해산되기 전까지, 까우끌라이당이 등장하기 전까지 아나콧마이당은 '새로운 정치'를 대변하는 유일한 희망이었어요. 특히 그 시기는 쿠데타 이후 선거조차 제대로 없던 때였잖아요. 그만큼 사람들은 선거를 통한 변화 자체를 갈망했고, 아나콧마이당에 많은 희망을 걸었죠. 그런데 까우끌라이당이 해산되었을 땐 달랐어요. 시위는 없었고, 사람들은 그냥 이전 선거에 쏟았던 기대와 감정의 여운 속에서 멈춰버렸어요. 그만큼 지쳤던 거죠. 희망이 무너진 자리에 또다시 나설 힘이 남아 있지 않았던 거예요.

질문 9 태국은 언제 완전한 민주주의를 얻을 수 있을까요? 당신의 생에 가능하다고 생각하세요?

아마도 앞으로 20년 안에는 가능하다고 생각해요. 태국은 과거에 수많은 쿠데타와 독재를 경험했지만 이제는 세대가 바뀌고 생각도 변하고 있어요. 과거의 정부는 사람들의 삶을 철저히 통제하려 했고, 특히 특정한 제도가 사람들의 삶 한가운데 자리 잡고 있었죠. 그런데 시간이 지나면서 젊은 세대의 시선은 점점 달라졌고 저는 그 변화가 앞으로 더 커질 거라고 믿어요. 저는 정부가 원하는 통치 방식의 핵심에는 결국 '왕실'이라는 제도가 있다고 생각해요. 하지만 지금은 소셜미디어라는 새로운 공간이 생겼잖아요. 그 안에서 젊은 세대는 질문하기 시작했어요. 예를 들어, "쿠데타는 정당한가?", "왕실에 대한 지지는 왜 강요되어야 하는가?" 같은 질문이요. 최근에는 사람들이 쿠데타나 왕실 지지에 대해 부끄러움을 느끼는 감정을 더 자주 표현하고 있다고 느껴요. 그건 분명 하나의 변화예요. 물론 완전한 민주주의에 다가가기까지는 시간이 걸릴 거예요. 태국은 오랜 역사를 지닌 나라이고, 쉽게 바뀌지는 않겠죠. 그렇지만 저는 20년 안에 분명히 변할 수 있다고 생각해요. 태국은 지금까지 10번이 넘는 쿠데타를 겪었어요. 그 모든 쿠데타는 어떤 식으로든 왕실과 연관돼 있었죠. 1973년 당시에는 왕실이 사회 통합의 중심이라고 여겨졌지만, 지금은 점점 많은 사람이 그 인식에서 벗어나려 하고 있어요. 특히 최근의 쿠데타가 탁신을 몰아내기 위한 왕실의 영향 아래 일어났다는 사실을 깨닫고 있는 거죠. 저는 사람들이 거기서 배우고 있다고 믿습니다. 그리고 미래에는 왕실의 이름을 빌린 쿠데타가 다시는 일어나선 안돼요. 그건 분명한 실수이고, 거짓입니다.

■ ■ ■

다른 사람들보다 더 긴 대화에 많은 것을 느꼈다. 그는 프어타이당의 지지자이지만 발화하는 단어가 까우끌라이당에 실망하는 활동가들과 크게 다르지 않았다. 모두 태국 사회가 더 나은 방향으로 나아가기 위해 고민하는 사람들이라는 느낌이 들었다. 그렇게 인터뷰를 마치고 나는 산책하면서 생각을 정리하고 싶었다. 콘도 바깥의 하늘을 바라보는데 석양이 지고 있었다. 하늘이 참 예뻤다. 일부러 돌아서 걸은 다음 지하철을 타고 집에 가는데 갑자기 인터뷰 대상자가 같이 걸어서 역에 데려다주겠다고 했다. 그렇게 그를 소개해준 내 활동가 친구와 둘이 계속 대화를 나누는 모습을 보면서 같이 걸었다. 그리고 역이 가까워오자 그는 집으로 갔다. 내 친구는 "쟤, 요즘 생각보다 외로웠나 봐. 앞으로 쟤한테 연락도 자주 하고 그래야겠는걸?"이라고 말했다. 서로 챙겨주는 모습이 보기 좋았다. 정치적 싸움은 힘들고 결국 다 함께해야 하는 것이니까. 지하철을 타고 집으로 향했다.

여섯 번째 인터뷰

어른이라면 학생들에게 이러지 말아야 하는 것이 아닌가

■ ■ ■

30대, 중부 출신, 대졸, 남성

10년 넘게 알고 지낸 태국인 친구가 있다. 20대 중반에 만나서 친하게 지냈던 사람이다. 계속 인터넷으로만 안부를 주고받아서 방콕에 가게 되면 무조건 만나야겠다고 생각했다. 연락이 닿았고 그렇게 쭐라 주변의 식당에서 함께 밥을 먹었다. 나는 그 친구에게 정치에 대한 대화를 시도한 적이 없었다. 20대에 술자리에서 친해졌고 같이 일본에서 놀러 다니던 친구였다. 이번에 식사를 하면서 친구가 처음으로 나에게 태국에 대해서 어떤 연구를 하고 있으며 태국어 공부는 어찌 되고 있는지 물어봐 주었다. 처음 그 질문을 들었을 때, 너무나 조심스러웠다. 이 친구의 정치적 성향이 어떤지 모르니까 나의 연구를 알려줘도 될까 불안하기도 했다. 꼭 그 친구가 왕실주의자일 수도 있다는 의미가 아니라 너무 직접적으로 정치에 대해 언급하는 것 자체를 안 좋아할 수 있으니까 말이다.

그런 걱정은 기우였음이 드러났다. 나의 연구 주제를 들은 친구가 할 말이 많은 듯했다. "나도 2020년, 2021년 사이에 시위에 참여한 적이 있어."라고 말하는 친구의 눈은 반짝였다. 그래도 밥 먹는 동안은 태국어 공부를 조금 더 물어보았고 일부러 스몰톡 위주의 대화를 이어갔다. 그러다 이후, 통화를 하면서 정치 경험에 대해서 인터뷰로 나누어줄 수 있냐고 물었다. 지금 연구보조 친구가 소개해주는 20대 인터뷰 대상자들과는 다른 이야기 혹은 그럼에도 비슷한 이야기를 들을 수 있을 것으로 생각했다. 날짜를 잡고 그가 사는 곳 주변으로 내가 가겠다고 했다. 생각보다 먼 거리였다. 밥을 먹을 때 나를 위해서 쭐라 주변으로 와주어 새삼 고마웠다.

방콕에서 인터뷰를 할 때는 활동가들이 돈므앙 가는 쪽에 살아서 늘 그 주변에서 만났는데 이번엔 서쪽으로 향했다. MRT를 타고 타 프라역으로 갔다. 그날 또 연구보조원 친구가 그다음 주에 인터뷰 대상자와 저녁을 먹으니 미리 와서 이런저런 이야기를 나눌 생각이 없느냐고 했다. 가겠다고 했는데 하필이면 그게 BTS 랏차요틴역이었다. 랏차요틴에서 타 프라까지는 꽤 먼 편인데 그래도 여러 사람을 만나 이야기를 나누고 싶다고 생각했으니 부지런히 움직이자는 생각이 들었다. 랏차요틴역에서 저녁을 먹고 일찍 일어나서 타 프라역으로 향했다.

1시간 반이 넘게 걸렸던 것 같다. 중간에 모칫에서 MRT

로 갈아타고 다행히도 의자에 앉을 수 있었다. MRT를 타고 짜뚜짝 서쪽으로는 가본 적이 없고, 반대 방향으로도 쌈얀 역을 넘어가 본 적이 없는데 새로운 동네로 가니 기대가 되기도 했다. 무엇보다 '방 오'역에서 바라보는 의회 건물과 석양이 참 예뻤다. 사진을 못 찍어서 아쉬울 뿐이었다. 그 모습을 바라보며 나는 너무 아이러니하다 생각했다. 의회 건물은 저렇게 예쁘고 아름다운데 누군가는 정치 활동을 하다가 처벌을 받으며 감옥에 있다는 사실이 안타까웠다. 그리고 나는 활동가를 만나는 일을 하면서도 의회 건물이 예쁘다고 감탄하고 있다니 이것이 맞는 것인가. 여하튼 여러 복잡한 심경을 가지고 약속 장소로 향했다. 타 프라역에서 방콕 중심지 방향을 바라보았는데 그날의 하늘과 풍경이 참 예뻤다. 2025년 5월경의 뉴스를 보니 방콕의 대기 오염도가 굉장히 높은 편이던데, 나는 그렇지 않은 때에 지냈으니 운이 좋았다. 풍경에 대한 감상과 연구 대상에 대해서는 분리해서 볼 수 있을 것 같기도 하고, 여하튼 복잡한 마음이었다.

질문 1 **시위에 참여한 이유가 무엇이었어?**

그 당시에 내가 시위에 나갔던 이유는 시위의 리더 역할을 했던 학생이 권력에 의해서 체포되어서야. 경찰에 잡혀서였어.

아는 사람이었어?

아니, 주변 사람은 아니고 뉴스에서 그 소식을 보고 시위에 나가야겠다고 생각했어. 나쁜 일을 해서 체포되는 것도 아니고 시위를 하고 자신의 정치적 견해를 밝힌다는 이유로 잡혀가잖아. 음, 그게 지금 시대에 일어난다니 믿기지 않았어. 그런 이유로 체포가 된다니.

화가 많이 났었어? 그때 감정을 기억해?

화나는 것도 있었고, 어른들이 어린 사람들에게 할 행동은 아니라고 생각했어.

그때 뉴스의 내용을 기억해?

아마 그때 체포되던 애들이 20살이었을까. 그걸 보고 시위에 나가야겠다고 생각했어. 집에서 가깝기도 했고 말이야. 운동에 참여해서 정치적 변화를 이끌어야겠다는 생각이었어. 내가 참가를 한다고 의미가 있을까 하는 생각에 상관없이 시위에 나갔지.

주위 사람들도 같이 나갔어?

주위 사람들도 갔지. 대략 10명 정도 있었던 걸로 기억해. 그런데 그 사람들로부터 같이 가자고 제안을 받거나 그런 것은 아니야. 나 스스로 그냥 나가보자고 생각한 거지. 집에서 가깝고 아마 우리 동네였으면 안 나갔을지도 몰라. 우리 동네 였으면 안 갔지.

왜?

우리 동네에서 일어나면 사람들도 내가 시위에 참가한 걸 너무 많이 알게 되고 좀 껄끄러울 것 같아서. 나는 동네에서 일을 하고 있으니까 말이야.

질문 2 젊은 세대를 정의한다면?

젊은 사람들의 특징을 묻는 거지? 젊은 사람들, 나도 젊은 사람인가? 어려운 질문인걸. 좀 생각을 해봐야겠는데? 변화를 받아들이기 쉬운 사람이라고 표현할 수 있을 것 같아. 지금까지 일부의 사람들이 태국의 권력을 독점하고 있었고 그것에 대한 불만이 나타나기 시작했지.

그게 왕실에 대한 비판하고도 연결이 돼?

왕실만이 아니고 부를 많이 가지고 있는 사람도 포함되지. 같은 곳에 살고 있는데 같은 수준의 삶의 질을 누릴 수가 없어.

주위 사람들하고도 이런 이야기를 많이 해?

주위 사람들하고 정치 이야기를? 술 마실 때나 하는 것 같은데. 아주 조용한 소리로 정치 이야기를 하지. 그럴 때마다 왕실은 물론이거니와 태국 사회의 전반적인 이야기를 하지.

질문 3 **왜 젊은 사람들이 시위에 더 많이 참여할까?**

아마도 시위는 국왕과 관계가 있지 않을까. 나이 많은 사람들은 2020년 전의 시위에도 많이 나갔었는데 국왕을 지키려는 목적이 있었거든. 그런데 지금은 반대 성격인 시위가 일어나고 있지. 나이 많은 사람들은 모두 국왕과 왕실을 비판하는 것에는 관심이 없으니까.

그럼 젊은 사람들은 나이가 많은 세대에 비해서 정치에 관심이 많다고 생각해?

태국의 정치 변화에는 모두 관심이 많다고 생각해.

질문 4 **젊은 사람들이 나이 든 세대에 비해 정치적으로 다른 점이 무엇일까?**

젊은 사람들은 모두 정치에 흥미가 있지. 아, 아마 생각하는 게 다르다고 보아야 할 것 같아. 연령이 높은 사람들은 지금까지 전통을 지키자는 생각을 하고 있고 국왕은 국왕대로 권위가 있으니 욕하지 말라는 생각, 높은 사람이니까 그런 생각을 가지고 있지. 그게 이제 점점 변하고 있어. 국왕의 개인적인 성격과도 관계가 있어. 선대 국왕 때는 이런 문제들이 일어나지 않았는데 선왕에 비해서 다들 실망이 크지. 코로나가 창궐했을 때 사람들이 바깥으로 나오는 것을 금지했는데 국왕은 해외로 나간다든지 등 국왕의 행동에 대해 독일에서 뉴스가 나온 건 너도 알고 있지? 비판이 당연한 것은 아니지만, 그래도 문제시할 수 있다고 생각하는 거지.

다른 사람들하고 이런 이야기를 자주 해?

여러 사람들하고는 이런 이야기를 잘 안 해. 조용한 곳에서 조용한 목소리로 하지. 아까도 말했지만 술 마시면서라든지 이야기가 통할 것 같은 사람하고 하지.

질문 5 **아나콧마이당, 까우끌라이당, 쁘라차촌당 사이에 차이점이 있을까?**

주위 사람들이 말하는 차이는 아마 리더의 차이야. 새로운 쁘라차촌당의 리더는 존재감이 없다고 많이 이야기들을 하는데, 나는 그렇게 생각하지 않아. 친척들하고 나하고 이전의 리더들에 대해 자주 이야기하는데, 인터넷 위주로 활동하는 지금 리더보다는 이전의 리더십들이 더 훌륭했다고 말이야.

이전의 리더라고 하면 피타나 타나턴을 이야기하는 걸까?

맞아. 이전의 리더들은 사람들의 마음을 움직이는 데 탁월했다고 생각해. 대신, 새로운 리더는 인터넷 웹사이트를 하나 운영하고 있어. 그 사이트에서 정치가 어떻게 변하고 있는지 세금이 어떻게 쓰이고 있는지 쉽게 찾아볼 수 있어. 정치를 모두에게 보여주자 하는 것이지.

그래도 인터넷으로 무슨 활동을 하고는 있네?

응, 인터넷 사이트 그거 꽤 잘되어 있어. 지금은 이제 시위보다는 이렇게 인터넷으로 활동을 하는 점이 다르다고 생각해. 이름이 기억이 안 나는데.

질문 6 **지금 집권당과 야당에 각각 1점부터 10점 사이 점수를 준다면? 1점은 최악, 10점은 최고를 뜻해.**

현 정부에는 5점을 주고 싶어. 지금은 점수를 매기기엔 조금 이른 때가 아닌가 싶지만, 지금의 정치인들은 뭘 하고 있는 것인가 하는 생각이 들어. 제대로 하고 있는지 그것도 모르겠어. 뭘 하고 있는 거야 도대체. 아버지의 지령에 따라서 하는 것일까? 누군가 다른 사람이 써준 연설문만 읽고 있는 건지도 모르겠어.

아버지는 탁신을 말하는 거지?

맞아, 아버지가 시키는 대로만 하는 것인지 그냥 나와서 얼굴만 비추고 있는 것인지 말이야.

그럼 야당에는?

야당에도 5점. 모두가 기대하고 있지만 지금 새로 만들어진 정당은 시간이 그렇게 많이 지나지 않았으니까 뭔가를 보여줄 기회가 없었지. 그런데 지금 모두 그 정당에 그렇게 큰 기대를 하고 있지는 않다고 생각해.

질문 7 지금은 왜 시위를 보기 어려워졌을까?

좀 생각할 시간을 가져도 될까? 좀 정리를 해봐야겠네. 음… 첫 번째는 투표의 시기, 선거가 끝났기 때문이 아닐까. 이전 선거에 다들 기대를 많이 했지. 젊은 사람들에게서 큰 인기를 얻은 정당이 1위가 되었지만 말이야. 뭐라고 해야 할까. 결국 기대에서 벗어난 결과가 나타났으니까 그런 게 아닐까. 기대에서 벗어났으니까 그런 것도 있을 것 같아.

기대를 벗어났으면 2020년처럼 시위에 나갔어야 하는 거 아니야?

음, 그게 맞는 것 같네. 근데 2023년 선거에서 다들 실망을 많이 했어. 의회 선거에 기대를 많이 가졌거든. 야당이 1위를 해도 이 나라는 변하는 것이 없구나 하는 생각. 결국에는 이 나라도 이런 모양으로 계속 반복되는구나, 라는. 두 번째는 시위를 모두 피하는 것 같아. 처벌받을 수도 있으니까. 세 번

째는 시위를 이끌었던 리더들이 모두 체포되었으니까. 모두
들 그걸 무서워하고 있다고 생각해.

결국 처벌이 큰 영향을 끼친 것이라 볼 수 있겠네?
맞아. 그렇다고 생각해.

질문 8 **그렇다면 2020년에 비해서 2024년에 시위를 볼 수
없는 이유는 무엇일까?**
그런데 그건 정당의 역할이 달라져서 그런 것 같아. 예전에
시위가 있었을 때는 2019년 선거에 가까운 때였고, 사람들이
일단 투표를 통해 우리 정당에 지지를 보내주자고 생각하면
서 모두가 모여서 시위를 진작하는 그런 모양새였다고 생각
해. 지금은 모이기가 어렵지.

지금은 모이기가 어려워? 뭐가 다른 건데?
데모를 하더라도 이전과 같은 결과가 나온다는 생각 때문인
것 같아. 반복하고 싶지 않다는 생각이 있는 것이지.

**같은 결과라는 게, 결국 시위를 하더라도 정당이 해산되는 일
이 계속 반복된다는 이야기야?**
맞아. 새로운 정당이 모두를 모아서 데모를 하더라도 결과가
해산이니까.

그런데 그렇기 때문에 더더욱 나서서 시위를 해야 하는 거 아니야?

그건 맞지. 그런데 지금은 미래가 보이지 않아서 그런 것 같아. 모두들 변화를 기다리고 있지만 그 변화의 파도가 언제 올진 알 수 없는 것이지.

결국 처벌의 가능성도 있고 다들 지친 거네?

그래, 그게 맞다고 생각해.

그럼 리더의 역할은 무슨 말이야?

아까 말했듯이 예전의 리더들은 인터넷보다는 바깥에서 활동을 많이 했으니까. 그게 시위 조직에 영향을 미쳤을 거라 생각해. 지금은 그렇지 않은 것이고.

지금 쁘라차촌당의 활동이 괜찮다고 생각해?

다 각자의 장단점이 있는 것 같아. 아까도 점수를 주면서 이야기했지만 다들 기대를 안 하고 있어. 다들 많이 지친 것 같아.

질문 9 **태국은 언제 완전한 민주주의를 얻을 수 있을까? 너의 생에 가능하다고 생각해?**

아마 죽기 전에 가능할지도? 국왕이 나이가 많아서 다음 국왕이 누가 되는가에 관심이 많아. 성격도 그렇고 좀 다른 사람이 왕이 되었으면 하는 생각들이 많지.

■ ■ ■

녹음을 끄고 좀 더 앉아서 이야기를 진행하는데, 오히려 녹음기를 끄니 이 친구의 단어 사용이 조금 더 과감해졌다. 너무 직접적이기도 하고 혹여나 이 친구에게 위협이 될까 싶어 남기지는 못했다. 10년 동안 알고 지낸 사람이 이렇게 정치적인 고민을 오래 하고 있었다니 새로운 면을 알게 된 것도 있었다. 나도 이 친구도 말이 느려서 인터뷰를 진행하는 데에만 1시간이 넘게 걸렸다. 그리고는 수 시간을 더 수다를 떨다가 MRT 막차를 타기 위해 일어날 수밖에 없었다.

친구의 말을 들으며 느낀 것은 30대 사람들도 20대와 비슷한 단어를 사용한다는 것, 왕실에 대한 비판 의식을 가지고 있을 수 있다는 가능성이었다. 또 꼭 Z세대뿐만 아니라 30대의 다른 사람들에게서도 비슷한 지점을 발견할 수 있다는 점이었다. 앞으로 민주주의의 가능성은 왕위가 누구에게 승계되느냐에 따라 달라질 수도 있다는 첫 번째 인터뷰 대상자의 말과도 닿아 있어서 좋았다. 다만, 이 인터뷰가 끝나고 아쉬움이 남았는데, M세대와 Z세대 간의 차이점도 물어보았으면 좋았을 텐데, 라는 생각이 집에 가면서 들어 아차 싶었다. 다음에 술을 사면서 물어봐야지. 다음에 만나서 할 이야기가 더 기대되었다. 그렇게 자정에 가까운 시간에 집에 들어갔다.

일곱 번째 인터뷰

저는 성인이 되면 시위의
지도자가 되고 싶습니다

■ ■ ■

10대, 중부 출신, 고등학생, 남성

영락없는 고등학생, 소년이었다. 열심히 시위를 다니고 정치에 관심이 많은 고등학생이라고 소개를 받아서 정말 어른스러운 친구가 나올 줄 알았다. 첫 인상은 앳된 남학생이었다. 웃는 모습도 예쁘고 이런 아들이 있다면 부모로서 든든할 것 같은데 이런 친구가 시위에 열심이라니 너무 마음이 아팠다. 물론 민주화 운동에 나이가 어디 있고 성별이 어디 있는가. 그렇지만 성장하는 학생이 시위에 나설 수밖에 없는 이 사회가 무슨 사회인가. 그는 모두와 함께 공교육을 받고 문제가 없는 사회에서 자라며 부모의 사랑을 듬뿍 받을 자격이 있다. 온 세상에 사는 10대 청년들은 다 그렇다. 다들 그렇게 자라날 자격이 있다.

처음에 고등학생이라고 해서 연구에 사용할 수 없는 인터뷰라고 생각했지만 그를 만나겠다고 했다. 다양한 사람들의 말을 들어보는 것이 태국 사회를 바라보는 데에 더 많은 도움이 될 테니까 말이다. 그런데 그렇게 만난 학생이 정말 어린 17세 남자아이라니. 순수함이 묻어나는 그가 시위에 열심일 수밖에 없는 사회가 태국 사회라니. 그의 단어는 누구보다 직접적이고 단호했다. 그런 단호함이 물론 그를 시위로 이끌었으리라. 그런데 그를 만나고 나를 마음 아프게 만든 것은, 그는 누구보다 또래 이야기를 많이 하고 (이성애자로서) 이성 친구를 사귀고 싶다는 말을 많이 한다는 점이었다. 그의 문제는 시위를 자주 나가다 보니 주로 말하는 사람들이 모두 시위에서 만난 20대들이고 따라서 10대들끼리 주고받을 수 있는 대화를 하지 못한다는 것이었다.

주위 사람들과의 대화, 시위에 나간 이후에 사귀게 된 사람의 네트워크가 그로 하여금 정치에 더 관심을 가지게 하는 주요 요인이었을 것이다. 그래서 주위 사람들과 나누는 대화가 그의 세상이 되었을 테다. 그는 지금도 조그만 집회, 모임이라도 있을 때마다 빠짐없이 참가하고 있다. 그의 말을 들어주고 상담역이라도 되어주고 싶다는 생각을 했다. 그래서 이번 인터뷰 이후에도 두 번이나 더 만나 밥도 먹고 이야기도 들어주었다. 그의 삼촌 같은 사람이 되어줘야겠다 싶었다. 그가 원하는 태국 사회가 무엇인지 이야기도 듣고 세계에 그 목소리를 전하고 싶었다. 지금도 인스타그램 디엠으로 나에게 잘 지내냐고 물어봐주는 그는 좋은 친구다. 인터뷰는 영어로 진행하였다.

질문 1 **시위에 참여한 이유가 무엇이었어요?**

2020년, 저는 4년 전에 시위에 나가는 학생들을 많이 보았어요. 그들이 세 손가락으로 경례하는 모습을 보았죠. 4년 전에 길거리에는 많은 사람들이 있었어요. 많은 사람들이 왕실에 대해서 이야기했어요. 음, 사실 저는 무서웠어요. 혹시 왕실모독죄(lese-majeste law)를 알고 있나요? 저는 그 법 때문에 아주 무서웠어요. 저는 시위에 참가만 하고 집회에서 발언을 하지는 않았죠. 위험을 지는 그 무엇도 하지 않았어요. 저는 그냥 즐겼어요. 지난 방학 때, 2024년 3월이죠, 26일이에요. 나의 가장 친한 친구, 형이죠. 그는 왕실모독죄로 감옥에 갔어요. 그전에 저는 형과 이야기를 많이 했죠. 그가 많은 것을 소개해줬거든요. 그가 감옥에 가고 나서 저는 굉장히 복수심에 찼어요. 복수심이죠.

복수심 이외에 다른 감정은 없었나요?

화도 났고, 슬펐죠. 왜냐하면 처음에 저는 그가 무죄를 받을 것이라 생각했어요. 뭘 특별히 많이 활동하지도 않았어요. 형은 왕실에 대해서 언급할 때도 조심스러웠고 집회에서 발언은 하지도 않았거든요. 형이 감옥에 가고 나서 저는 복수심도 있었지만 무서웠어요. 시간이 지나면서 점점 복수심에 가득 차게 된 거죠. 지금 감옥에 있는 사람들을 위한 복수에요. 그래서 저는 시위에 참여하죠. 2년 전인 2022년에는 특별히 많은 것을 하지 않고 집회에 나가서 정치 참여를 열심히 했어요. 그리고 집에 돌아오고. 그런데 제 친구들이 체포된 그 다음부터는 뭐든지 하고 있어요. 2년 전과 비교하면 말이죠.

2022년에 시위에 참여했던 건가요? 그전에는요?

2022년에 시위에 참여했어요. 2020년에 저는 시위에 나가진 않았어요. 그때는 너무 어렸거든요. 우리 엄마는 저를 시위에 나가는 이상한 사람 취급했어요. 엄마가 저에게 너는 시위에 나가지 마라, 앞으로 취업도 안 될 수도 있고 미래가 없을 수도 있다고 말했어요. 그런 말을 들으면 무섭죠. 그렇지만 저는 정치적으로 2022년부터 적극적으로 활동하기 시작했어요.

그럼 정치에 처음 관심을 갖게 된 것은 언제예요?

2019년에 처음으로 정치에 관심을 가졌어요. 5년 전에요. 처음에 저는 진보적인 사람이 아니었어요. 왜냐하면 우리 가족은 보수적이기 때문이에요. 혹시 태국민주당을 아나요? 그 정당은 파란색이죠. 우리 가족은 남부 출신이고 가족들이 남동부 사람들이란 말이에요. 그래서 가족들이 태국민주당을 지지했고요. 그 정당은 남부 출신 사람들을 챙기니까 저도 그 당을 지지했고요. 그런데 어느 순간 그 당이 옳은가 의심을 하기 시작했어요. 더 이상 보수주의를 믿지 않게 되었죠.

태국의 전통적인 가치가 무엇이고 어떻다고 생각해요?

태국의 전통은 그냥 직접적으로 표현하자면 아주 바보 같다고 생각해요. 태국의 교육은 비판적인 사고를 가르치지 않아요. 아주 기초적인 것만 가르치죠.

예를 들면요?

예를 들면, 음, 우리가 역사를 공부할 때, 그들은 어떠한 장면에 대해서, 역사의 어떤 장면에 대해서 비판적으로 보는 법을 가르치지 않아요. 그냥 왕의 이름이나 알려주고 중요한 인물을 외우라고 하죠. 우리는 그들의 이름을 외우지만 우리가 왜 이걸 공부해야 하는지는 몰라요. 이렇게 공부하고 직업을 얻게 되죠. 또 태국 교육은 민주주의를 가르치지 않아요. 태국 교육은 아주 실패한 교육이에요. 교육과정에서 권위주의는 좋은 거라 가르치고, 우리가 뭘 해야 하고 무엇을 토론해야 하는지 다 규정해요. 아주 권위주의적이죠.

시위에 나가고 그럴 때 주위 사람들은 어떻게 생각하던가요? 반응이 어땠어요?

그들은 아주 무지했죠. 무지해요. 아주. 작년 선거에서 까우끌라이당이 이겼죠. 그들은 저를 아주 무시했어요. 정치에 대해서는 물론이고 태국 정치에 대해서도 말하지 않았어요. 학교에서 사람들은 다 조용해요. 제 주변 사람들은 왕실모 독죄에 대해서 침묵하고, 태국의 정의롭지 못함에 대해서 무지해요.

질문 2 젊은 세대를 정의한다면요?

저와 제 친구들은 2006년 쿠데타 이후의 세대, 즉 그 이후에 태어난 세대예요. 우리를 정의해보면, IT 기술을 잘 이용하는 세대죠. AI를 잘 사용하고 굉장히 능동적인 시민들이에요. 4년 전에는 능동적이었지만 지금은 그렇지 않아요. 제가 생각하기에 젊은 세대는 보수주의와는 다른, 새로운 생각을 하는 사람들이에요. 그리고 생활 방식이 이전 세대와는 다르죠. 그런데 정치적으로는, 제가 생각하기에 어린 세대는 정치에 관심이 없어요.

그 학생들의 특징에 대해서 좀 더 설명해줄래요?

새로운 라이프 스타일, 새롭고 다르죠. 예를 들어, 보수주의자들의 라이프 스타일은 LGBTQ 사람들하고도 같이 잘 지내지 못하죠. 그런데 어린 사람들은 LGBTQ 사람들하고 가깝거든요. 나이가 많은 보수주의자들은 선생님하고 부모님에게 대들지 못했죠. 그런데 지금 어린 세대는 그렇지 않아요.

우리에게 묻고 말할 수 있는 권리가 있다는 걸 알아요. 집회의 자유가 있고 남들과 다른 생각을 부모와 선생님에게 말할 수 있다는 걸 알아요. 그게 제가 생각하는 젊은 세대의 좋은 점입니다.

질문 3 왜 젊은 사람들이 시위에 더 많이 참여할까요?

혹시 아나콧마이당을 알아요? 헌법재판소가 아나콧마이당을 해산한 뒤에도 젊은 세대는 그 정당과 타나턴 당대표를 믿었어요. 왜냐하면 태국 사회에서 구조적인 문제를 이야기한 첫 정당이기 때문이에요. 아니콧마이당은 젊은 사람, 젊은 세대를 이끌었죠. 우리는 아나콧마이당에 희망을 가지고 있었어요. 헌법재판소가 당을 해산한 이후에 처음으로 많은 대학생들이 2020년 2월에 바깥으로 나왔죠. 그들은 대학에서 시위를 하였고요. 그 이후에 코로나 바이러스가 퍼지고 정부는 사람들을 못 나오게 했어요.

정부는 코로나 상황에 대해서 제대로 대처하지 못했고 사람들을 더 많이 자극했죠. 정부는 시민들을 제대로 돌보지 못했어요. 통행금지가 있었고 일을 하러 갈 수 없었죠. 그래서 사람들은 정부를 싫어했어요. 그들은 독재자니까 민주주의를 존중하지 않잖아요. 헌법재판소를 이용해서 민주적인 정당들을 해산해버리고요. 그들은 정말 코로나19에 대해서 제대로 대응하지 못했어요. 그때는 사람들이 나와서 정부에 대해 비난하고 비판하는 사회적인 분위기가 있었죠.

4년 전에 시위에 나가는 게 사회적인 트렌드였나요?

맞아요. 오늘날 여전히 왕실모독죄가 있고 사회가 정의롭지
못하죠. 우리는 아직도 권위주의 속에 살고 있어요. 그런데
학생들은 2020년처럼 시위를 하지 않아요. 4년 전에는 왜 그
랬냐면 그게 사회적인 트렌드였어요. 시위를 이끌던 리더들
이 감옥에 있으니까 지금은 시위가 일어나지 않아요. 세 손
가락으로 경례하는 모습이 이제는 트렌드가 아니에요. 4년
전에 저는 젊은 세대가 정말 경이롭다고 생각했어요. 사람들
은 우리와 우리의 요구가 왜 그렇게 급진적인지 이해하지 못
해요. 우리가 형법 112조를 폐지해야 한다고 하고 왕실을 개
혁하자고 그러면 너무 급진적이라고 말해요.

질문 4 **젊은 사람들이 나이 든 세대에 비해 정치적으로 다른
점이 무엇일까요?**

오늘날 우리는 왕을 숭배하지도 않고 믿지도 않아요. 사실이
에요! 우리는 더 이상 왕실에 대해서 이야기하지 않아요. 왕
실에 흥미도 없어요. 이전 세대는 냉전 시기에 태어나서 제2
차 세계대전 이후에 자라났죠. 베이비 붐 세대는 아마도 왕
을 숭배해요. 물론 왕은 오늘날 태국의 번영을 만든 사람이
죠. 그래서 젊은 보수주의자들은 아마 정보가 모자라든가

왕실을 비판하는 책이나 인터넷 정보를 많이 본 적이 없나 봐요. 나이가 많은 세대는 당신도 알겠지만 냉전 시기와 공산주의가 태국에 도입되던 시기에 자랐어요. 왕은 반공의 상징이었죠. 그래서 나이가 많은 세대는 왕을 숭배하죠. 아주 많이요.

젊은 세대는 그렇지 않고요?

우리 세대는 더 이상 숭배하지 않아요. 우리는 진짜 민주주의를 원해요. 도덕보다 IT 기술의 발전을 원하고요. 예를 들어서, 1973년 10월 14일*에 대해서 아나요? 그 당시엔 독재에 대항해서 푸미폰 왕의 사진을 가지고 나왔단 말이에요. 그런데 4년 전에는 왕의 사진을 들고 오지 않고 오히려 왕실 개혁을 말했죠. 이게 차이에요. 냉전기 동안 우리가 민주주의를 말하면 애국주의자였거든요. 그런데 이제는 그렇지 않아

---

* 1973년 초, 좋지 않은 경제 상황과 맞물려 군부의 부패 스캔들이 폭로되면서 탐마삿대학 학생들이 기말고사 수험을 거부하고 50만 명에 가까운 사람들이 대학으로 집결하면서 행진이 시작되었다. 군부가 시위를 진압하면서 70여 명이 사망하였는데 국왕은 이에 대한 책임을 물어 군부 출신 총리인 타놈 끼띠카쫀의 사임을 압박했다. 그는 사임하였고 민주화의 길로 접어드는 것처럼 보였다. 1973년 당시, 학생운동가들의 성향은 "민족주의-왕정지지-자유주의"의 노선을 채택했다. 국왕도 학생운동을 지지하였으며 이 당시에는 민주적 임금(Democratic King)이라는 개념도 등장했다. 1973년 10월 14일 시위에는 태국 국기, 국왕과 왕비의 사진까지 등장했었다.

요. 2020년 이후에 민주주의에 대해서 말하면 애국주의자가 아니에요.

질문 5 아나콧마이당, 까우끌라이당, 쁘라차촌당 사이의 차이점이 있을까요?

첫 정당 아나콧마이는요. 제가 생각하기에는 젊은 사람을 위한 정당이었어요. 태국의 구조적인 문제에 대해서 싸운 첫 정당이고요. 그런데 그 이후에 까우끌라이당이 되고 나서도 많은 사람들이 이 정당을 지지했죠. 대표가 피타 림짜른랏이었는데, 이 새로운 지도자는 영어도 잘하고 전 세계에 가서 우리의 희망에 대해서 이야기할 수 있는 사람이죠. 2020년 이후에 우리는 선거를 치렀고, 까우끌라이당이 구조적인 문제를 해결하고 변화를 가져올 것이라 믿었죠. 2023년 선거로 진짜 민주주의가 올 줄 알았어요. 그런데 그렇지 못했죠. 지금은 민주적이지 않아요. 까우끌라이는 결국 헌법재판소에 의해서 해산되었죠.

그럼 쁘라차촌당은 어떻게 생각해요?

저는 쁘라차촌당이 예전만큼 좋다고 생각하지 않아요. 쁘라차촌당의 당대표는 너무 어리고 경험이 없어요. 그리고 구조적인 것에 대항해 싸울 만큼 급진적이지 않아요. 아나콧마이당이 해산되었을 때의 대표인 타나턴을 기억해본다면 그는 시위에 직접 나왔어요. 시위를 직접 이끌었고요. 그런데 까우 끌라이당의 대표는 해산되고 시위에 나오지 않아요. 쁘라차 촌당은 애초에 시위를 믿지 않고요. 그들은 정당 정치에 관심이 많죠. 그냥 의회 안에서만 활동하는 거예요.

의회 안에서만 활동하는 것이 부족한가요?

의회는 권위주의자들의 장소예요. 독재자를 위한 장소란 말이죠. 우리가 만약 의회에서만 싸우면 우리는 이길 수 없어요. 까우끌라이당이 그랬던 것처럼요.

그래도 까우끌라이당은 의회에서 1당이었잖아요?

맞지요. 까우끌라이당은 1당이었죠. 그런데 피타 대표는 총리 지명 과정에서 상원 의회의 지지를 받지 못했죠. 그리고 까우끌라이당의 의원들은 시위에 나오지 않았어요. 사람들이 나서서 싸우지 않으면 권위주의자에 대해서 이야기할 힘도 없어져요. 만약 우리에게 시위를 이끄는 정당이 있고, 그 정당이 선거에서 이긴다면 힘이 더 생기겠죠. 그런데 헌법재판소가 까우끌라이당을 해산하자 까우끌라이당의 의원들이 시위에 나가는 것을 거부했죠. 까우끌라이당은 이전에는 왕실모독죄를 폐지해야 한다고 했어요. 왜냐하면 감옥에 있는 활동가들이 많기 때문이에요. 그런데 쁘라차촌당은 더 이상 왕실모독죄에 대해서 이야기하지 않아요. 제가 생각하기에 쁘라차촌당은 이전의 아나콧마이당이나 까우끌라이당보다 더 타협을 하는 것 같아요. 그들은 타협을 너무 많이 하고 권위주의를 두려워해요. 맞아요. 지금 우리는 쁘라차촌당을 그다지 지지하지 않아요. 저는 이 정당을 예전만큼 지지하지 않아요.

피타를 지지하는 것은 어떤 마음이었어요?

이건 특정한 몇몇 사람을 숭배하는 것과 같아요. 까우끌라이당의 지지자들은 피타만 생각하지 민주주의를 생각하지 않아요. 그들은 피타를 숭배해요. 왜냐하면 그들은 민주주의가 무엇인지는 상관이 없으니까요. 봐봐요. 피타가 총리가 못 되고 나서 정당은 그냥 계속 내리막길을 걷고 있어요. 왜냐하면 그들의 지지는 한 사람만 생각하는 거니까요.

젊은 세대는 누군가를 숭배하거나 그러지 않는다고 하지 않았나요?

태국 사회에 대해서 모르나요? 태국 사회는 숭배하는 사람들의 사회입니다. 이전에 우리는 왕을 숭배했고, 이게 태국 사람들의 행동이에요. 태국 사람들의 경향이죠. 숭배해요. 우리에게는 아주 좋은 사람들, 그리고 희망을 가져오는 좋은 사람들이 있어요. 사람들은 그때마다 숭배의 대상을 바꿉니다. 왕에서 피타로 숭배의 대상을 바꾼 거죠. 이게 우리의 행동 특징이에요.

질문 6 지금 집권당과 야당에 각각 1점부터 10점 사이 점수를 준다면요? 1점은 최악, 10점은 최고를 뜻해요.

집권당에는 1점, 아뇨 사실 마이너스 100점을 주고 싶어요. 정말 정말 나빠요. 인권 상황이 정말 나빠요. 프어타이당은 자신들을 선거로 당선된 다수당 중에 하나라고 말하죠. 그런데 인권 상황이 정말 나빠요. 지금 감옥에 갇힌 활동가들이 너무 많고요. 이건 민주주의가 아니에요.

그렇다면 야당에는요?

야당에는 5점을 주고 싶어요. 야당은 예전만큼 잘하고 있지 못해요. 반반이죠. 그들은 이제 무언가 급진적인 것에 대해서 이야기하지 않아요. 태국 사회의 구조적인 문제에 대해서 이야기하지 않아요. 오늘날엔 그냥 반반이죠 뭐. 좋지도 나쁘지도 않아요.

질문 7 지금은 왜 시위를 보기 어려워졌을까요?

제가 생각하기에는 시위를 이끌던 많은 지도자들이 목숨의 위협을 받기 때문이에요. 국가는 시위를 주도하는 사람들을 협박하고 위협하죠. 지금 많은 리더들이 왕실모독죄로 조사를 받고 있어요. 감옥에도 있고요. 시위 주동자들이 붙잡혀

법원으로 가면, 왕실모독죄로 조사를 받으면서 지치죠. 그래서 시위가 일어나지 않는 것도 있어요. 아주 많은 왕실모독죄 건으로 조사를 받으면 지치죠. 그리고 감옥에서 풀려난 뒤에 감옥으로 다시 돌아가고 싶지 않으니까요. 그래서 2022년 이후로 시위를 잘 볼 수 없어요. 태국의 시위대는 지도자를 원해요. 우리를 이끌 한 사람 말이에요.

그런데 누군가를 숭배하지 않는다고 하지 않았어요?

시위 주동자들이 없어지고 난 이후에 사람들은 시위에 나오지 않아요. 맞아요. 태국 사람들의 행동 특징이 뭐라고 했나요? 리더를 원하는 거예요. 초기에는 리더가 없어도 상징적인 시위들을 많이 했지만, 경찰과 부딪힌 이후로는 그렇지 않죠. 리더가 있어야 해요.

질문 8 **그렇다면 2020년에 비해서 2024년에 시위를 볼 수 없는 이유는 무엇일까요?**

왜냐하면 시위에 나가는 것이 이제는 더 이상 사회적 트렌드가 아니기 때문이에요. 아주 간단한 이유죠. 그리고 아나콧 마이당의 해산과 코로나 이후, 그리고 정부가 팬데믹 상황을 잘 관리하지 못한 것도 있죠. 그런데 오늘날 시위는 좋은 선택이 아니에요. 사회적 트렌드도 아니고요.

조금 더 자세히 말해줄 수 있어요? 지금은 사회적 트렌드가 아니란 거죠?

현 정부는 당신도 알겠지만 쁘라윳 정권과 같지는 않죠. 정부는 혼합되어 있어요. 민주주의와 권위주의가 혼재해 있단 말이에요. 그래서 사람들은 이런 점을 참 헷갈려 해요. 전에, 아나콧마이당이 헌법재판소에 의해 해산당했을 때, 사람들은 쁘라윳 정권과 헌법재판소를 비판했어요. 그런데 오늘날에는 완전히 민주적이지도, 권위주의적이지도 않아서 사람들이 혼란스러워하죠. 집권당인 프어타이당은 시위대 편에 서기도 했지만, 지금은 그렇지 않아요. 예전에 저는 프어타이당 정치인과 세 손가락으로 경례를 하면서 사진도 찍었어요. 그런데 이제 더 이상 그렇게 하지 않아요. 아마도 프어타이당이 우리랑 편을 먹는 것보다 권위주의자들과 같이 있기로 했나 봐요. 아주 혼란스럽죠.

질문 9 태국은 언제 완전한 민주주의를 얻을 수 있을까요? 당신 생에 가능하다고 생각해요?

저는 시위의 리더가 되고 싶어요. 제가 청소년일 때는 어렵겠죠. 제 인생에서 저는 완전한 민주주의를 기대하지 않아요. 우리가 절대 왕정에서 민주주의로 전환했을 때에도 우리에게는 그닥 진짜 민주주의가 없었어요. 1932년의 카나랏사돈을 아나요? 그들도 독재자예요. 그냥 절대 왕정의 반대파일

뿐이죠. 카나랏사돈이 진짜 민주주의자들이었다고 해도, 그
들은 어느 순간에는 왕실주의자들과 같았어요.

**그렇다면 왜 카나랏사돈 소속인 피분송크람과 쁘리디의 이름
이 여전히 시위대에서 회자된다고 생각해요?**

아주 쉬워요. 그들은 왕실주의자가 아니니까요. 그들은 민주
적이지 않고 왕실에 적대적이었어요. 피분은 왕실에 가깝지
않은 파시스트죠. 쁘리디보다 더요. 그들은 그냥 왕실에 반
대되는 생각을 했을 뿐이에요. 절대 군주제에서 민주주의로
전환을 하기는 했지만, 여전히 민주주의가 아니에요. 탁신
은 선거에서 당선되었지만 그는 인권을 너무 유린했어요. 아
주 많은 사람들을 마약과의 전쟁이라는 이름으로 죽였단 말
이에요. 그런데 사람들은 탁신에 대해 그렇게 반대하지 않죠.
태국 사람들은 왕을 아주 많이 숭배하죠. 그래서 완전한 민
주주의가 어려워요. 태국 사람들이 그만큼 무지하니까요.

그렇다면 완전한 민주주의는 어떻게 해야 얻을 수 있죠?

우리가 완전한 민주주의를 얻으려면요. 싸워야 해요. 혁명을
해야 합니다. 그런데 태국 사람들은 혁명이 나쁘다고 생각하
죠. 왜냐하면 그들은 변화를 그렇게 원하지 않으니까요. 아
마 90년 뒤에 완전한 민주주의를 볼 수 있을지는 모르겠지
만, 10년 안에는 변화가 없을 거예요. 저는 기다릴 수 없어

요. 우리는 가만히 기다리고 앉아 있으면 안 됩니다. 우리는 구조적인 문제에 대해 싸워야해요. 싸워야 합니다. 우리는 더 이상 타협을 할 수 없어요. 당신은 태국이 타협의 땅(land of compromise)이라는 것을 알죠? 맞아요! 태국은 타협의 땅입니다. 카나랏사돈도 타협하고 까우끌라이도 타협하고. 만약 태국이 정말 싸울 때 또 타협을 한다면, 시위대는 타협하지 않을 겁니다. 혁명을 위한다면 혁명을 위해 나아가야 해요. 태국 사람들은 혁명이 나쁘다고 생각하죠. 왜냐하면 혁명은 폭력으로 끝나니까요. 만약 우리가 장기전을 해야 한다면, 가만히 있으면 이기지 못합니다. 우리는 계속 싸워야 합니다.

■ ■ ■

인터뷰를 하고 MRT 파혼요틴역으로 걸어가는데 이 친구와 연구보조원 친구도 함께 따라왔다. 연구보조원 친구는 어린 이 친구가 얼마나 용감하고 똑똑하고 말도 잘하는지 아냐고 말했다. 그리고 인터뷰를 지켜보러 온 다른 활동가 친구도 어린 친구가 영어를 이렇게 잘하는 줄 몰랐다며 앞으로 외신에서 인터뷰 제안이 오면 이 친구를 소개해야겠다고 했다. 미래를 짊어지고 있다며 자랑스럽다는 칭찬을 계속했다. 나는 그 지점에 동의하면서도 너무 씁쓸했다. 걸어오면서 그가 나에게 좋아하는 사람이 있다면서 다른 사람 몰래 이야기를 했기 때문이다.

이 친구에게 필요한 것은 결국 말벗이 아니었을까 싶어 마음이 복잡했다. 이 사회가 이 친구를 이렇게 싸울 수밖에 없게 만들었다는 생각이 들었다. 물론, 이 친구는 시위에 나가면서 효용감을 얻겠지만 동시에 또래 친구를 사귈 기회를 그만큼 잃게 된다. 민주주의가 결여된 사회에서 투쟁을 나가야만 하는 아이의 삶이란. 그는 주위에 사람도 많고 행복해 보인다. 하지만 내가 그렇게 보는 것일 뿐일지도 모른다. 나는 운이 좋게 권위주의가 종식되고 민주화가 진행된 한국에서 태어나 이 친구와는 다른 학창 시절을 보냈고 지금 다른 삶을 살고 있다. 이 친구도 한국에서 태어났다면 지금과 같은 고민을 하지 않았을 것이다. 이 친구의 삶에 대해 시혜적인 동정을 하는 것이 아니다. 태국 사회를 탓하는 것이다.

그 후 이 친구에게 먼저 연락이 와서 치킨을 사주기도 하고 같이 밥을 먹기도 하고 아이스크림을 먹으러도 갔다. 그런 때마다 그는 정치 이야기를 하는데 들어주다가도 중간중간 애인 이야기, 학교 이야기로 자연스럽게 넘어갔다. 자신의 연애 이야기를 하는 고등학생의 대화 상대일 수 있어서 오히려 더 좋았다. 그와 헤어져 지하철을 태워 보낼 때면 늘 그는 나에게 먼저 안아달라고 했다. 커다란 녀석를 안아주며 언제든지 말할 곳이 필요하면 나에게 연락하라고 할 때, 나의 아이가 이런 사회에서 살면 마음이 아플 거라는 생각을 했다. 이 친구가 더 행복했으면 좋겠다. 그가 행복하게 크려면 태국 사회가 좀 더 자유로워져야 한다. 그런 마음이 나를 인터뷰에 더 집중하게 했다. 그리고 연구보다는 언론 보도와 같은 마음으로 임하게 된 계기가 되기도 했다.

여덟 번째 인터뷰

왕실은 대중과
소통하려고 하지 않는다

■ ■ ■

20대, 중부 출신, 대학생, 여성

인터뷰 대상자에 남성이 많아서 논바이너리나 여성 혹은 다양한 정체성의 사람들을 만나고 싶었다. 그래서 자신을 시스젠더 여성이라고 정체화하는 활동가를 소개해달라고 연구보조 친구에게 부탁했다. 이번에 소개를 받은 여덟 번째 인터뷰 대상자는 연구보조원뿐만 아니라 내 친구들과도 가까운 사람이었다. 사실 이미 얼굴을 한 번 본 적 있다. 태국에 도착하자마자 얼마 안 되어 10월 6일에 탐마삿대 학살 기념식에 참석했는데 그때 마주쳐서 인사를 했었다. 아이로우의 행사에서 활동도 많이 하는 사람이어서 더 잘됐다는 생각을 했다. 인터뷰는 센트럴 랏프라오 쪽의 스타벅스에서 태국어-영어 순차 통역으로 진행되었다.

질문 1 **시위에 참여한 이유가 무엇인가요?**

아동 권리에 대한 것 때문이었어요. 저는 아동 권리와 교육 권리에 관심을 두고 활동을 했거든요. 체포되고 나서는 인권 활동에 집중하고 있어요.

처음 시위에 나왔던 것은 언제인가요?

저는 시위에 2019년, 2020년부터 나오기 시작했어요. 체포는 2022년에 당했어요.

그럼 그 당시엔 고등학생이었군요? 그때 학교에서 시위에 나가겠다는 사람들이 많았나요?

2019년에 학교에 토론 그룹이 있었어요. 정치에 대한 농담을 많이 했던 것 같은데 그건 그룹에 있던 학생들이 정치를 너무 진지하게 다루기를 바라지 않았기 때문이에요. 우리는 그냥 학교에서 정치에 대한 풍자라든지 농담만 주고받았어요. 그러다가 2020년에 고등학교에 들어갔고 사람들이 시위에 나가는 것을 보았죠. 2020년에 시위에 나갔던 것은 2019년보다 더 많은 시위가 있었기 때문이에요. 어떤 선생님들은 관심을 가지셨지만, 몇몇은 또 아니었어요. 아마 선생님들은 나오기가 쉽지 않으셨겠죠.

체포되었을 때는 어떤 느낌이었나요?

꽤 절망적이었어요. 맞아요. 그랬죠. 2020년에 많은 학생들
이 거리로 나와서 시위에 참여했어요. 제가 생각하기에 고등
학생들도 많았어요.

처음에 시위에 혼자 나가기로 결정한 건가요?

그때 우리 학교의 많은 학생이 시위에 나갔죠. 그래서 저도
나가기로 결정한 거예요.

처음 시위에 나갔을 때의 느낌은 어땠었나요?

좀 여러 감정이 섞여 있었어요. 기대가 되기도 했고요. 저는
많은 사람들이 시위에 나가는 것을 보았어요. 민주주의를 위
해서뿐만 아니라 다양한 주제들을 함께 가지고 나왔거든요.
이를테면 LGBT 문제, 환경 문제, 표현의 자유 문제 같은 거
요. 아주 많은 주제가 시위에 포함되어 있었는데, 그만큼 그
때 학생들이 많이 나왔고 참여했어요. 그때 함께 있으면서
지켜보는 것이 참 좋았어요.

그러면 결론적으로 학교에서 주위 학생들은 풍자나 농담에 대
해서만 언급하였고요, 그렇죠?

그것은 2019년 이전이고요. 2020년 이후엔 농담만 하던 사
람들도 시위에 나갔어요. 시위에서 저는 아주 다양한 사람들
을 만났어요. 활동을 하던 많은 선배가 있었죠.

질문 2 젊은 세대를 정의한다면요?

제가 생각하기에 나이는 그저 한 부분에 불과한 것 같아요. 새로운 세대라는 것은 청년기의, 나이가 어린 성인, 혹은 청소년을 뜻하거든요. 다른 뜻은 정치적으로 활발함을 뜻해요. 제가 생각하기에 요즘 많은 젊은 사람들은 생각과 의견에 대해서 좀 양극화된 것 같아요. 만약 그들이 젠더 문제에 대해서 이야기를 하면 양극화되는 경향이 있어요. 몇몇 사람들은 너무 성차별주의적이고 LGBT에 대해서 매우 극단적인 시선을 가지고 있거든요. 이 두 가지에 대해 사람들은 그들의 생각을 말하는 것을 두려워하지 않아요. 제가 생각하기에 젊은 세대란 자신 스스로를 리버럴하다고 부르는 사람 같아요. 그리고 다른 것은 군대와 전쟁에 대한 것인데요. 제가 보기엔 젊은 세대는 군대 같은 것에 대해 의견을 말하는 것을 두려워하지 않아요.

질문 3 왜 젊은 사람들이 시위에 더 많이 참여할까요?

왜냐하면 제 생각엔 의회 정치와 정부가 잘 작동하지 않기 때문이에요. 다른 이유는 희망에 대한 것 때문이에요. 우리는 시위하러 모이면 무언가를 얻어내죠, 승리해야죠. 그런데 요즘은 그런 것이 적어요. 어린 사람들은 정당 정치에 더 많은 믿음을 가지고 있어요. 왜냐하면 쁘라차촌당이 시위대를 거리로 나가지 못하게 막고 있기 때문이에요. 2020년도에 많은 사람들이 거리로 나왔어요. 그때 시위가 일어난 것은 사람들이 아나콧마이당의 해산에 불만이 있었기 때문이에요. 까우 끌라이당이 해산되었을 때는 제가 생각하기엔 사람들이 신경을 많이 안 썼어요. 새로운 정당 설립에 관심이 많은 것이죠. 그냥 똑같은 일이 벌어졌구나 하고 느끼게 된 거예요. 사람들이 그것에 익숙해진 것이죠. 많은 사람들이 한 정당에서 또 다른 정당으로 가듯이 그냥 새 정당이 생겼구나 하고 생각하는 거죠.

의회가 제대로 작동하지 않는다면 어떤 방향으로 그렇지 않다는 의미인가요?

첫 번째로 아나콧마이당의 해산이에요. 그때 아나콧마이당은 젊은 사람들의 희망이었어요. 그리고 나머지 하나는 코로나에 대한 쁘라윳 정권의 대응이었죠. 군부이고 민주적이지 않았잖아요.

쁘라윳 정권이 코로나 정국에 잘 대응하지 못했다는 것이죠?

맞아요. 그리고 하나 더 말하고 싶은 것은 이번 정부가 반은 민주적이고 반은 군부 같다는 것이에요. 이번 정부는 LGBT의 권리나 젊은 세대의 목소리를 포섭하려고 해요. 왜냐하면 젊은 세대는 아주 다양한 목소리를 내고 있거든요. 그래서 특정 활동가를 체포하고 있어요. 몇몇 활동가들이 목표물이 되어서 체포되고 위협을 당하고 폭력을 당한다면 많은 사람들이 모여서 연대의 이름으로 함께해야겠죠.

질문 4 **젊은 사람들이 나이 든 세대에 비해 정치적으로 다른 점이 무엇일까요?**

생각할 시간을 좀 줄 수 있나요? 아마 이건 사람마다 다른 것 같아요. 개인마다 다르죠. 제가 생각하기엔 나이 많은 세대 중에서도 왕실을 비판하는 사람들이 있고 젊은 사람 중에도 그렇지 않은 사람들이 있어요. 말하기 어려운 것 같아요. 개인에 따라 다른 것이 아닐까요?

그러면 젊은 사람들이 공통적으로 공유하는 정치적 생각도 없다는 것이죠?

맞아요. 제가 생각하기에 그건 개인에 따라 달라요.

그렇다면 교육 시스템은 어떤 것 같아요? 권위주의적이라고 생각해요? 태국 사회에서 권위주의를 키워내는 문화적 요인이 있다고 생각해요?

제가 생각하기에 그건 교육부의 문제 같아요. 어떤 정책에 예산을 더 배당하는가죠. 예산을 잘 받더라도 교육부는 너무 크고 관료주의적이에요. 공무원들은 그냥 그들의 일을 하는 것이고 구조적인 문제를 바로잡기는 참 어렵죠. 그들은 그냥 100년 전에 하던 일을 지금도 반복하고 있는 거예요. 똑같은 예산을 가지고 똑같은 일을 하는 거죠.

경로 의존적이라는 것이죠?

그렇습니다.

질문 5 **아나콧마이당, 까우끌라이당, 쁘라차촌당 사이의 차이점이 있을까요?**

제가 생각하기에 아나콧마이당은 처음에는 왕실모독죄 개정에 대해서 이야기하지 않았어요. 초기 창당 멤버들은 그럴 용기가 없다고 했죠. 그러다 그들이 해산되니까 정치를 의회 밖으로 가져갔고 시위에 참여하기 시작했어요. 까우끌라이당의 경우에 그들은 선거에서 꽤 잘했어요. 그런데 선거 뒤에 왕실모독죄에 대해서 다루는 것을 좀 망설이기 시작했죠. 그들이 어떻게 총리를 배출할 수 있었는가 그 점에 좀 더 집중했던 것 같아요. 그리고 해산되면 그냥 까우끌라이당에서 쁘라차촌당이 되었듯, 당을 옮기면 되는 거니까요. 그들은 아나콧마이당만큼 용기가 없었어요.

그리고 두 번째 차이점은 시위에 나가는 젊은 세대의 수라고 생각해요. 왜냐하면 아나콧마이당에서 까우끌라이당으로 전환될 때 사람들은 시위에 많이 나갔어요. 그런데 까우끌라이당에서 쁘라차촌당이 될 때는 그냥 타협을 하면 된다고 생각해서 사람들이 시위에 안 나왔죠.

그렇다면 정당이 시위를 주도하는 것일까요?

꼭 그렇지만은 않아요. 정당이 사람들의 생각이나 상징을 독점해서는 안 된다고 저는 생각해요. 레드 셔츠 운동 때에 프어타이당이 한 것을 봐요. 정당이 그 운동의 주인인 것처럼 행동했잖아요. 쁘라차촌당은 그들이 젊은 사람들은 이끈다고 주장하죠. 제가 보기에 쁘라차촌당은 젊은 사람들의 희망을 자기들이 이끌고 있다고 생각하고 있어요. 그런데 그들은 사실 한 것이 없어요. 쁘라차촌당은 지지자들의 희망을 대변한다고 생각하는데, 저는 그들이 제대로 활동하고 있다고 보지 않아요. 정치적 권리, 그리고 소수자 문제에 대해서도 마찬가지예요.

질문 6 **지금 집권당과 야당에 각각 1점부터 10점 사이 점수를 준다면요? 1점은 최악, 10점은 최고를 뜻합니다.**

인권에 있어서는 집권당에게 3점을 주고 싶어요. 제가 생각하기에 아무것도 하지 않지는 않으니까 3점을 줬어요. 첫째, 그들은 태국의 정치 구조에 대해서는 전혀 건드리지 않아요. 둘째, 그들은 재벌을 비롯한 많은 이들과 일하고 타협해요. 군부와도 타협하죠. 제가 생각하기에 그들이 한 것은 정당 사이에 타협을 이끈 것뿐입니다. 재벌, 사람들, 그리고 보수주의자들, 리버럴 LGBT 사이에 대한 타협뿐이죠. 아마 LGBT에 대한 문제는 왕실을 건드리지 않으니까, 재벌이 받아들이고 보수주의자들도 받아들였겠죠.

그렇다면 야당은요?

인권에 대한 것으로 보면 6점이에요. 야당은 주로 쁘라차촌 당을 의미하는데요. 그 정당엔 많은 사람들이 있었고 우리는 활동가라는 사람들에게 의지할 수도 있었어요. 그런데 이제 는 인권 측면에서 그 정당에 의지하고 기댈 수 없죠. 제가 생 각하기에 까우끌라이당의 해산 이후에 쁘라차촌당은 정치 적 이념보다 대중의 의견에 좀 더 기대고 있는 것 같아요. 정 당 안에 인권을 지지하는 정치인들도 있지만 바깥에서는 백 래시를 비롯한 공격을 받을 수 있으니까요. 다른 이슈는 야 당과 관련된 정치적 권리예요. 그들은 왕실모독죄를 무서워 해요. 쁘라차촌당은 구조적 문제를 건드리려고 하지 않아요. 이것은 아주 많은 것을 뜻하죠. 왕실모독죄에 대해서는 정부 에 0점, 쁘라차촌당에 2점을 주고 싶어요. 그래도 쁘라차촌 당은 왕실모독죄에 대해 다룬 전력이라도 있잖아요.

질문 7 **지금은 왜 시위를 보기 어려워졌을까요?**

사람들은 처음에 시위에 희망을 가졌지만, 지금은 좀 지친 것 같아요. 사실 그 중심에는 정당이 있죠. 사람들은 희망이라는 이름으로 시위에 참여했었어요. 프어타이당 레드 셔츠들은 2020년에 시위를 떠났죠. 프어타이당은 레드 셔츠 사람들을 시위에서 데리고 나갔어요. 물론 그들 중에서도 일부는 시위대와 함께 가겠다고 했고요. 2022년 이전에 까우끌라이당은 대중에게 자신들이 희망을 준다고 이야기했지만 시위를 이끌 생각을 하지 않았죠. 그리고 그냥 해산되고 시위도 없이 쁘라차촌당으로 전환되었죠.

질문 8 그렇다면 2020년에 비해서 2024년에 시위를 볼 수 없는 이유는 무엇일까요?

제가 보기에 아나콧마이당부터 까우끌라이당까지 변하는 과정에서 사람들은 희망을 잃었기 때문이에요. 의회가 제대로 작동하지 않는 것이죠. 사람들은 시위를 위해 거리로 나왔고 정치인들도 사람들에게 시위에 나와달라고 했어요. 정당이 시위를 시작하기도 했죠. 그런데 까우끌라이당은 그냥 당을 재건하기만 하면 된다고 사람들에게 말했으니까, 사람들이 아무것도 안 한 것 같다고 생각해요. 당에만 가입하면 된다고 생각하니까요. 사람들이 시위에 나가기로 선택할 수도 있지만, 대부분의 사람들은 그냥 새로운 정당에 참여하기만 하면 된다고 생각하는 것 같아요.

젊은 사람들은 정치적으로 활발하고 정치적 의사 표현을 두려워하지 않는다고 했잖아요. 나이 많은 사람들도 그런가요?

제가 생각하기에 윗세대분들은 좀 폐쇄적인 것 같아요. 벽장 속에 있는 것처럼요. 나이 많은 분들은 왕실에 대한 문제도 그렇고 드러나지 않은 곳에서 말해요. 나이 많은 분들을 만나봤는데요. 공산주의자분들이었지만 왕실에 대해서도 언급하셨거든요. 비판적이지는 않았어요. 그게 다예요.

질문9 태국은 언제 완전한 민주주의를 얻을 수 있을까요? 당신의 생에 가능하다고 생각하세요?

제가 생각하기에 상황은 예측 불가능해요. 정치적 상황은 매달 바뀌잖아요. 몇 달 전에 우리는 당과 정부를 잃었어요.

제가 인터뷰했던 사람들은 왕실의 계승 문제가 태국 민주주의의 질을 결정할 수도 있다고 이야기하던데요.

이 질문은 아주 복잡하네요. 그 특정한 제도는 아마 계승 문제가 나타나지 않게끔 할 것입니다. 계승 문제가 대중에 퍼지지 않게끔요. 그런데 제가 생각하기에 그 제도는 사람들에게 권력을 배분하지 않으려고 할 거예요. 협상하려고 하는 사람들에게 권력을 배분하지 않을 것입니다. 예를 들어서, 어떤 해외 저널리스트가 높은 분에게 물었어요. 대중들이 막 군집하였을 때거든요. 저널리스트가 높은 분에게 왕실 개혁을 위해 시위하는 사람들을 어떻게 생각하는지 물었어요. 그랬더니 높은 사람께서 이렇게 답했거든요. 태국은 타협의 땅 (land of compromise)이라고요. 제가 보기엔 이 장면이 특정 제도가 대중과 직접적으로 이야기하기를 원치 않는다는 지점을 보인다고 생각합니다.

■ ■ ■

마지막 질문에 인터뷰이는 정말 당황한 모습을 보였다. 그래서 나도 당황했다. 분명 인터뷰 내내 체포당하며 겪은 경험에 대해서도, 왕실에 대해서도 직접적인 표현을 하고 싶지 않다는 인상을 받았는데, 마지막 질문에는 더더욱 당황스러워했다. 인터뷰가 끝나고 익명으로 유지되는 것이 맞냐고 반복해서 확인했다. 그래서 연구보조원도, 나도 그에게 걱정하지 말라고 했다. 그는 바로 택시를 타고 떠났다. 이렇게나 두려워하는 대학생을 붙잡고 인터뷰를 한 게 미안하기도 했지만 그래도 그나마 용기를 내어 이야기해 준 것이 고맙기도 했다. 인터뷰한 내용으로 글을 쓰는 것도 동의해주어서 고마웠다.

아홉 번째 인터뷰

평범한 태국인 부부를 만나다

. . .

30대, 북부 출신, 대졸, 부부

일본에서 알고 지낸 친구의 이야기를 듣고 나니 활동가가 아닌 다른 사람들의 이야기도 듣고 싶어졌다. 그래서 주위에 수소문을 하다가 어떤 부부를 만나게 되었다. 그들은 30대 초반에 둘 다 북부 출신으로 대학을 졸업하고 방콕에 와서 직장 생활을 하고 있었다. 정치에 대해서 내 친구와 비슷한 이야기를 하는지도 궁금했고, 그들의 언어가 활동가들이 사용하는 단어들과 다른지도 알고 싶었다. 그렇게 되면 활동가들의 생각이 전반적으로 다른 태국인들에게서 비슷하게 나타나는지도 확인할 수 있을 것 같았다. 그들은 시스젠더 남성과 여성이 가족을 이룬 부부였다. 인터뷰에서는 "남"과 "여"로 지칭한다.

인터뷰를 하고서 든 생각을 먼저 이야기하자면 부부 두 사람의 언어는 활동가들의 그것과 크게 다르지 않았다. 오히려 그들은 왕실 개혁에 대한 생각과 더불어 방콕의 시정과 환경 정책에도 관심이 많았다. 이런 이야기를 듣고 보니 적어도 방콕에 사는 사람들은 태국의 미래에 관해 관심이 많겠구나 싶었다. 다만, 왕실모독죄의 처벌이 무서울 수 있으니 인터넷에서 이야기하기보다 내 친구의 말처럼 술집에서 조용히 지인들과만 이야기하지 않을까 하는 생각이 들었다. 내가 사랑하고 존경하는 사람들이 살고 있는 태국의 미래를 고민하는 사람들이 많다니 정말 너무나 좋고 기쁜 일이다.

그들과 약속을 잡았는데, BTS 텅러역 주변의 카페로 와달라는 부탁을 받았다. 조용한 카페에서 인터뷰를 진행하고 싶다고 하기에 내가 그리 가겠다고 했다. 질문지를 미리 달라고 해서 보내주기도 했다. 부부는 조용한 성격을 가진 것처럼 보였지만 질문을 시작하고 나니 갑자기 말이 빨라져서 좀 놀라웠다. 태국 정치에 관해서 잘 모른다고 하면서도 이렇게 단호한 문장들로 이야기할 수 있나 싶어서 의외였다. 인터뷰는 2시간 정도 영어로 진행하였다.

질문 1 시위에 참여한 이유가 무엇인가요?

여: 저는 시위에 한 번도 참여해본 적이 없어요. 생각보다 저는 꽤 내향적이거든요. 나가는 것을 좋아하지 않아요. 시위는 가끔씩 너무 위험할 때가 있어요. 저는 준비가 되어 있지 않아요.

남: 저는 시위에 나가본 적이 있어요. 지금은 아니고 2013년에서 2014년 사이에요. 대학에 다닐 때니까 10년 정도 전이죠. 가보기는 했지만 길게 머무르지는 않았어요. 그때 무슨법을 개정하는 문제 때문이었나 그랬어요. 저는 사람들이 그개정에 대해서 동의하지 않는다는 것을 보여줄 수 있다는 게좋았고 저 역시 그렇게 생각하지 않는다는 것을 정부에 보여주고 싶었어요.

그때 친구들도 있었나요? 나가게 된 계기가 무엇이었을까요?
남: 제 친구 몇몇이 있었어요. 저는 스스로 나가야겠다고 정했어요. 왜냐하면 그 정책에 동의하지 않았거든요.

그 정책이 어떤 정책이었는지 물어봐도 될까요?
남: 사실 기억이 잘 나지 않아요. 미안합니다. 너무 오래되었고 시위에서의 상황만 기억이 나요.

질문 2 **젊은 세대를 정의한다면요?**
여: 제가 생각하기에 규범에 대해 질문을 제기하고 전통에 대해 도전하는 것을 무서워하지 않는 것이에요. 젊은 세대는 더많은 자유를 원하고 더 나은 미래를 원해요. 젊은 사람들은동성혼에 대해서도 친화적이고요. 세계의 지속가능성에 대해서도 더 많이 생각합니다. 기술에도 능하죠. 소셜미디어를 많

이 사용하고 정보도 실시간으로 습득할 수 있어요. 제 생각엔 자신들의 목소리가 더 많이 반영되었으면 좋겠다는 생각도 있는 것 같아요. 그런데 젊은 사람들을 보면 인내심이 좀 없는 것 같아요. 사실 변화는 굉장히 천천히 다가오거든요. 시간이 필요해요. 충분히 깊게 영향을 미치려면 긴 기간 동안 노력을 해야 합니다. 그런데 몇몇 젊은이들을 보면 지금 당장 변화가 와야 한다고 생각하는 것 같아요. 시간과 효율적인 전략이 필요하죠.

그렇다면 나이 든 세대는 어떻다고 생각하세요?

여: 최신 트렌드에 적응을 잘 못하죠. 열린 사고를 가지고 있지도 않아요. 주로 인터넷으로만 정치 정보를 수집하는 것 같은데요. 제가 생각하기에 그들은 변화를 원하지 않는 그런 마인드셋을 가지고 있는 것 같아요 그들은 변하고 있는 세상에 적응하고 있지 않습니다. 가끔 그들은 너무 낡았고요 (outdated). 정보를 실시간으로 알 수 있긴 하지만, 아마도 그들은 정보를 취사선택해서 받아들이는 것 같아요.

남: 저는 새로운 세대가 성별이나 나이에 국한된다고 생각하지 않습니다. 새로운 세대란 마음에 에너지가 있는 사람 같아요. 현재 정보에 접근할 수 있는 능력도 있고, 전 세계의 다양한 정보를 통해 현 상황에 적응할 수도 있고요.

세계에서 다양하게 도는 정보라고 하면 뭐가 있을까요?

남: 새로운 연구들이 넘쳐나죠. 우리가 인터넷을 통해서 알 수 있는 많은 정보들이 있죠. 평화에 대해서만 이야기하는 것이 아니에요. 새로운 세대의 마인드는 아주 오픈되어 있죠. 오픈 마인드를 가지고 있고 에너지를 항상 얻고자 하는 사람들이 새로운 세대라고 생각해요. 주위 사람들에 대해서도 정보를 많이 얻고 관심들을 가져요. 주위 사람들에게도 신경 쓰죠. 제가 생각하기에 나이가 많은 세대는 주위를 더 나아지게 하려는 노력을 하지 않는 것 같아요. 그들은 그들만의 세계에 삽니다.

질문 3 **왜 젊은 사람들이 시위에 더 많이 참여할까요?**

여: 사람들은 변화를 원해요. 존중받기를 원하죠. 목소리가 좀 더 반영되기를 바라고 있습니다. 그리고 의제도 가지고 있지만 그에 따른 한계도 있어요. 아무래도 태국은 미국이나 유럽 국가들만큼 사람들이 자유롭게 활동할 수는 없으니까요. 당신도 알겠지만 왕실과 관련된 것에 대해 사람들이 자유롭게 말할 수 없는 법이 있지요. 그리고 교육의 한계도 있어요. 저는 요즘 인스타그램이나 트위터에서 많은 피드를 보는데요. 교육에 대한 언급들이 많았어요.

어떤 언급이요?

여: 방콕의 교육은 좋지요. 그런데 다른 지역에선 그렇지 않아요. 똑같은 교육이 아니에요. 일본이나 유럽에서는 다들 똑같은 교육을 받잖아요.

남: 제가 생각하기에 (젊은이들이 시위에 더 많이 참여하는 이유 중) 하나는 정치적 협상이에요. 정치적 협상. 사람들은 그들의 인생에서 많은 것이 굉장히 불공평하다고 생각해요. 경제, 사회, 경영, 사회적으로 무척 불공정하죠. 제가 생각하기에 대부분의 사람들은 경제나 정보 격차에 대해서 불만을 가지고 있어요. 큰 회사와 정부의 관계, 그 뒤에서 뭔가가 있다고 생각해요. 큰 회사에 뭔가 더 정보가 많으니까요. 이것은 기존 세대의 뇌물에 관한 관행하고도 연관이 있어요. 부패죠. 그래서 젊은 세대는 더 좋은 삶의 질을 원하고 변화를 원해요. 사람들은 나라에 더 많은 것을 원해요.

정치적 협상이란 어떤 것을 의미해요?

남: 법에 대한 것이에요. 정부에서 회의를 하고 그 뒤에 의회에서 투표를 하죠. 정부 회의에서 이제 정책을 시작할지 말지 결정하잖아요. 만약 그들이 정책을 통해 뭔가 변화를 원한다면 그 정부 회의를 자기네들 마음대로 결정할 수 있어요. 사람들이 로비를 하고 어떤 특정 정책만 통과하잖아요. 선거에서도 정치인들이 돈을 주고 사람을 매수하는 것을 알아요? 그런 거죠. 부패.

지금 말씀하시는 것을 들어보면 태국 사람들에게 경제가 참 중요한 것 같아요. 맞나요?

남: 맞아요. 경제는 젊은 사람들에게 아주 중요해요. 인플레이션은 해마다 발생하고 있는데 삶의 질은 똑같아요.

질문 4 **젊은 사람들이 나이 든 세대에 비해 정치적으로 다른 점이 무엇일까요?**

여: 제가 생각하기에 나이 든 세대는 무언가 낡고, 전통적이고 그들이 숭배하는 위계질서를 좋아하는 것 같아요. 그리고 그들은 지지하는 정당도 이미 마음속에 있죠. 다른 기회에는 마음이 열려 있지 않아요. 솔직히 저에게는 지지하는 정당이 마음에 있지 않아요. 어떤 정당이든 괜찮아요. 정책이 중요하죠. 저는 어떤 정당도 마음에 없어요. 나이가 많은 세대는 급진적인 것을 안 좋아하죠. 저는 그런 사람들을 만난 적도 있어요. 제가 회사 사람들하고 같이 어느 레스토랑에서 정치에 관해서 이야기했거든요. 그때 레스토랑 주인이 좀 나이가 많은 분이었는데 그 사람이 우리보고 나가라고 했어요. 여기서 먹을 권리가 없다고. 그때 어떤 특정 정당에 대해서 이야기하기는 했거든요.

남: 제가 말씀드렸던 것처럼, 저는 나이 많은 세대가 그들 스스로를 믿을 수 있는 기회가 없었던 것 같아요. 사실이나 뉴

스를 수집하는 데에 그렇게 열린 마음들이 아니에요. 머리에 아마 무슨 필터 같은 게 있는 것 같아요. 그냥 보고 싶은 것만 보고 자신의 생각을 더 강화하는 거죠. 자신과 똑같은 생각이 나오는 것만 반복해서 봐요.

질문 5 아나콧마이당, 까우끌라이당, 쁘라차촌당 사이의 차이점이 있을까요?

여: 제가 생각하기엔 다르지 않은 것 같아요. 세 당은 모두 비슷한 주장을 하면서 진보적인 의제들을 밀고 있죠. 태국에서요.

남: 제가 생각하기엔 정당의 지도부인 것 같아요. 인적 자원이 정당과 그들의 지식에 정말 중요하죠. 정당은 정당의 구성원들에게 의존하잖아요. 만약 어떤 정당이 변하고 있다면 그것은 그 정당에 능력 있는 리더들이 없어졌기 때문이에요. 정당의 능력이 감소한다는 뜻이죠. 지금, 두 번째 정당의 경우에는 정당의 많은 사람들이 바뀌었어요. 이전과 같은 생각을 하고 있을지는 모르지만 정치인들의 능력이 모자라니까요. 처음에는 사람들에게 많이 찾아가고 그러던 리더들이 있었는데, 없어졌어요. 똑똑한 사람들이 정당에서 점점 사라지죠. 그 지도부들이 사라졌잖아요. 그러니까 예전처럼 강하지 않은 거죠.

만약 그렇게 인적 자원이 없으면 무엇을 할 수 있죠?

남: 제가 생각하기에 정책에 영향을 가장 많이 미치는 것 같아요. 많은 사람들이 정책을 입안하고 설계하는 데에 참여를 해야 하는데요. 제가 생각하기에 그 정당의 정책이 예전만큼 좋지 않은 것 같아요.

질문6 지금 집권당과 야당에 각각 1점부터 10점 사이 점수를 준다면요? 1점은 최악, 10점은 최고를 뜻합니다.

여: 저는 정치 뉴스에 크게 관심은 없지만 현 정부에 4점을 주고 싶어요. 저는 사실 뭘 잘 모르긴 해요. 그래도 경제 문제에 대해서는 관심이 많아요. 혹시 10,000밧 프로젝트에 대해서 알고 있나요? 경제를 진작하기 위해서 사람들에게 돈을 지급하는 프로젝트예요. 제가 생각하기에 이건 전자 화폐여야 해요. 그런데 시스템의 문제 때문에 여전히 집행이 안 되고 있는 것 같아요. 아직 해내지 못했어요. 현금으로 준다면 그것이 어떻게 사용되는지 전혀 추적이 안 되잖아요. 경제에 좋지 못하다고 생각해요. 제가 생각하기에 경제를 진작하려면 현금보다는 전자화폐로 줘서 직접 소비를 진작하는 게 낫다고 생각해요.

야당에 대해서는 어떻게 생각해요?

여: 야당은 솔직히 모르겠어요. 그들이 뭘 하는지 모르겠거

든요. 정말 모르겠어요. 지금 싸우지 않고 조용히 있으니까요. 아마 다음 투쟁을 위해서 준비하고 있지 않을까요? 정말 모르겠어요.

남: 저는 현 정부에는 5점을 주고 싶어요. 제가 보기에 현 정부는 좋은 정책들부터 우선순위를 매겨 잘 할 줄 모르는 것 같아요. 잘 못해요. 그들은 현 상태에서 좋은 정책이 무엇인지 모르는 것 같아요. 같은 시간을 쓰더라도 너무 많은 돈을 써요. 긴급하고 중요한 무언가를 하고 있지 않아요. 그들은 그냥 자유로운 조직들을 통제하려 하고, 그들이 원하는 정책만 통과하게 하려고 해요. 태국의 중앙은행은 자유로워야 한다고 생각해요. 야당에는 8점이요. 왜냐하면 의회에서 그들은 반대를 하거든요. 저는 반대가 중요하다고 생각해요. 정부에서 제시하는 것들에 대해서 반대하고 싸우잖아요. 더 나은 미래를 위해선 중요한 거죠.

질문7 지금은 왜 시위를 보기 어려워졌을까요?

여: 최소한 상황이 바뀌었으니까 그런 것 같아요. 선거도 끝났고요. 물론 제1당이 정부를 구성하지 못했지만요.

지금은 최소한 군부 정권은 아니니까요. 그렇죠?

여: 저는 사실 아까도 말했지만 전자화폐 말고는 집권당이 무얼 하는지 모르겠어요. 경제가 저의 직장에 영향을 미치니

까요. 다른 분야의 정책들은 다 똑같은 것 같아요. 환경 공해와 북부에서 발생하는 홍수들을 보면 그래요. 지금 북부의 미세먼지가 얼마나 나쁜지 아세요? 그리고 여기 대중교통의 질이 나쁜 것은 당신도 잘 알고 있죠? 버스 같은 거요. 한국이나 일본 같지 않죠. 한국이나 일본은 좋은 시스템의 대중교통이 있잖아요. 여기보단 더 낫죠. 그리고 미세먼지에 대해서도 그래요. 우리는 선거를 치렀고 시위가 예전보다 적게 일어나요. 상황이 바뀌기는 했죠. 적어도 무언가 바뀌고, 시작되고는 있는 것 같아요.

남: 제가 보기엔 선거 때문에 그런 것 같아요. 우리는 우리가 좋아하는 후보자에게 투표할 수 있고 정부를 구성하게 할 수 있죠. 제가 보기에는 사람들이 다음 선거를 기다리게 된 것 같아요. 많은 사람들은 그들이 원하는 것이 이뤄지기를 바라고는 있지만, 이번 상황에서는 시위가 좋은 해결책이 아닌 것 같아요. 경제에도 별로 좋지 않고요.

질문 8 그렇다면 2020년에 비해서 2024년에 시위를 볼 수 없는 이유는 무엇일까요?

여: 아나콧마이당이 있었을 때는요. 제가 생각하기에 사람들이 좀 조용했어요. 그 당이 해산된 것이 사람들의 희망에 영향을 많이 미친 것 같아요. 아주 난리가 났었죠.

오, 희망에 대한 것이네요?

여: 아실 테지만 변화에 대한 희망이죠. 당의 해산은 사람들의 희망에 직접적인 영향을 미쳤어요. 아주 많은 영향이 있었고 그 결과로 큰 시위가 일어났죠. 그리고 그때 선거도 좀 불공정했고요. 그렇죠?

그렇군요.

여: 까우끌라이당에 비교하면 제가 생각하기에 정치적 환경이 많이 변한 것 같아요. 우리는 선거도 있었고요. 사람들이 가장 많이 지지하는 정당이 정부를 구성하지 못했지만 지금 사람들은 그들이 원하는 정당이 정부를 구성하게끔 하기 위해 지속적으로 싸우고 있다고 생각해요. 아마도 이전 해산으로부터 뭔가를 배웠겠죠. 이전 해산을 보고 여기서 멈추지 않고 끊임없이 계속 가자고 생각하지 않았을까요. 해산이 되면 다음 정당을 설립하면 되고요. 해산이 되어서 다른 정당이 되더라도 그 영향은 이전에 비해서 더 커질 테니까요.

남: 제가 생각하기엔 이전의 질문과 비슷한 답인데요. 시위가 일어난 것은 해산 때문이죠. 해산에 대한 이유도 좀 석연치 않았잖아요. 만약 당신이 어떤 회사의 지분을 가지고 있는데, 그 회사가 지금 경영을 제대로 하고 있지 않다고 해봐요. 그렇지만 그걸 이유로 해산을 한다? 좋은 이유가 아니죠. 그래서 많은 사람들이 좋아하지 않았어요. 그렇지만 지금은

다르죠.

질문 9 태국은 언제 완전한 민주주의를 얻을 수 있을까요?
당신의 생에 가능하다고 생각하세요?

여: 완전한 민주주의? 혹시 이 질문은 왕실에 대한 것인가요?

**아뇨, 꼭 왕실에 대한 것은 아니에요. 자유롭게 이야기해 주세
요. 입헌군주제 혹은 민주주의와 함께 공존하는 군주제에 대한
이야기도 좋아요.**

여: 모르겠네요. 아마 어렵지 않을까요? 아마 언젠가는 가능
할 수도 있겠지만요. 제 생에라고 말씀하셨죠? 저는 불가능
할 거라고 생각해요. 왜냐하면 모든 것이 그 가족에 달려 있
는 거니까요.

아, 특정한 제도나 빅브라더(Big brother)를 말씀하시는 거죠?

여: (웃으며) 태국인 다 되셨네. 그렇게 돌려서 말씀하시고.
그들은 정치에 관여하지 않는다고 하지만 그렇지 않아요. 저
는 그렇게 생각해요. 그들은 뒤에서 숨어 있는 보스 같은 느
낌이잖아요. 저는 그렇게 정치에 관심은 없는데도 그렇게 보
여요. 요즘 저는 사실 정부에서 저의 세금이 어떻게 사용되
는지에 관심이 많아요. 저는 정부가 저의 세금을 더 나은 데
사용했으면 좋겠어요. 저는 걱정이 많아요. 대중교통과 공해

가 나아졌으면 좋겠어요. 그 두 개만 나아져도 저의 삶이 더 나아지겠죠.

남: 아마 두 번이나 세 번의 선거를 거친다면 가능하지 않을까요? 왜냐하면 변화를 원하는 사람들의 비율이 점점 늘어나고 있으니까요. 제가 생각하기에 지금은 많은 사람들이 급진적인 것을 좋아하지 않아요. 그리고 제가 생각하기에 새로운 세대는 열린 사고를 하고, 극단적인 것을 반대하기 위해 사실을 잘 사용해요. 그러니까 시간이 지나면 올 수도 있어요.

■■■

부부에게 인터뷰에 응해줘서 감사하다고 하고 저녁을 같이 먹으러 갔다. 정치에 관한 이야기가 불편했을 텐데 이렇게 깊은 이야기까지 나눠줘서 고맙다고 했다. 그들이 인터뷰에 응한 이유는 이렇게라도 해서 태국의 이야기를, 활동가뿐만 아니라 경제 활동을 하고 있는 일상적인 사람들도 태국의 변화를 원한다는 것을 전하고 싶었다고 했다. 이런 이야기를 전해 들으니 나도 빨리 인터뷰를 스크립트로 변환하고 논문이나 그 밖의 어떤 형태로든 글을 쓰고 싶어졌다. 이들과는 지금도 계속 연락을 하고 다음에도 만나서 밥을 먹기로 했다. 이렇게 주변의 이웃이 하나 더 늘어서 기쁘다. 그리

고 그들이 사랑하는 조국, 태국이 더 나아지기를 원하니, 나
도 그 변화에 보탬이 되고 싶다는 생각을 했다.

열 번째 인터뷰

태국 사회는 예전이나
지금이나 변하지 않는다

■ ■ ■

20대, 중부 출신, 대안학교 졸업, 논바이너리

이번 인터뷰의 대상자는 몇 년 전부터 알고 지낸 친구였다. 나와 아주 가깝게 이야기를 나누었고 정말 많이 만났다. 태국 연구를 본격적으로 해야겠다고 마음을 먹은 것도 이 친구를 만나고서였다. 시위에 아주 적극적으로 참여하면서 주위의 활동가들과도 가깝게 지냈다. 2023년 총선이 끝났을 때도, 정당이 해산되었을 때도 인스타그램 디엠으로 이야기를 참 많이 나눴다. 그래서 이번 방콕 현지조사를 계기로 공식적으로 이 친구의 이야기를 담고 세상에 알리는 일을 도와야겠다고 생각했다. 이 친구는 생각도 깊고 착한 친구다. 무엇보다 용감하다. 방콕에서 같이 밥도 자주 먹고 이야기도 많이 나누었다. 덕분에 방콕에서 혼자라는 생각이 들지도 않고 잘 지낼 수 있었다. 역시 친구가 있다는 건 정말 좋은 일이다.

이 친구의 하나 더 좋은 점은, 나에게 태국어로 자꾸 말을 걸어주려고 했다는 것이다. 참 고마운 일이다. 처음에 보았을 때보다 태국어가 정말 많이 늘었다며 칭찬해주는데 아직 멀었다. 태국어는 지금 아무 문제 없이 읽고 쓸 수 있고, 태국 책을 하나 번역한다고 붙잡고 있어 점점 더 늘고 있는 게 느껴지지만 듣기와 말하기가 문제다. 아무튼 이 친구 덕에 위로를 받고 자극도 받아서 열심히 하고 있다. 지금 이렇게 글을 쓰면서도 같이 쏨땀 먹으러 가고 싶다는 생각이 들고, 보고 싶다. 인터뷰는 태국어-영어 순차 통역, 영어, 태국어 모두 섞어서 약 1시간 동안 진행되었다.

질문 1 **시위에 참여한 이유가 무엇이었어?**

학교에서 시작되었어. 2020년에 학교를 다닐 때였지. 나는 학교 학생회에 속해 있었거든. 학생들의 두발 자유에 대한 논의가 있었어. 그런데 아무도 거기에 대해서 일언반구도 하지 않는 거야. 그래서 나는 그걸 강하게 이야기했지. 두발 자유가 보장되어야 한다고. 내가 살던 곳에서 시작되었어. 내가 살던 곳에는 지역 청년회 같은 게 있어. 그 구의 행정부에서 운영하는 공식적인 학생회였어. 정부에서 청년 협의회 같은 것을 설치하라는 칙령이 있었거든. 학생회는 구, 시, 주 수준에 모두 있는데, 나는 농캠 구 의회에 속해 있었어. 나는 거기서 정치에 대해 다른 사람들과 이야기하려고 노력했지만 잘되지 않았어. 모든 사람들이 여기에 참여하려는 것은 아니었으니까. 그래서 내가 시위를 나가려고 생각하게 된 거지. 정치 참여에 대한 일환으로.

학교에 있던 다른 친구들은 시위에 적극적이지 않았어? 학교에 있는 친구들을 설득하려고 하진 않았고?

학교에 있던 사람들은 정치적 이념에 대해서는 동의를 했을지는 몰라도 시위에 나가려고 하지는 않았어. 위험부담을 질 수는 없었으니까. 그래서 나는 민주주의와 정치에 대해서 다른 일원들을 교육할 수 있는 프로젝트를 시작했어. 그런데 학교가 위계적인 것도 있고 자금을 요구하기가 어려웠어. 시위에 나가려는 친구들은 아무도 없었으니까. 오히려 나는 시위에 참여하면서 친구들을 만날 수 있었지. 그들이 시위에 나가는 동기가 되었어, 물론 그 이유만 있는 것은 아니지만, 이유 중에 하나야. 시위에서의 활동이 2020년부터 가진 나의 호기심에 대한 답이 되었고, 예컨대 왕실 문제 같은 것 말이야. 내 가족들은 레드 셔츠 활동을 했지만 내가 직접 그들에게 질문할 수는 없어.

그럼 인생에서 처음으로 정치에 대해서 궁금했던 게 언제였어?

내가 처음으로 정치에 대해 질문을 던졌던 것은 10살 때였어. 그때 레드 셔츠 운동이 있었는데, 내 친구가 나에게 어떤 색깔에 속해 있냐고 물어봤어. 우리 가족이 어떤 색깔 셔츠에 속하냐고. 내 친구들은 그런 것을 물어봤단 말이야. 왜냐하면 내 친구들은 옐로 셔츠였는데, 만약 내 가족이 레드면 같이 놀지 않으려고 한 것이지.

그런 일이 있었어? 가족들로부터 그만큼 영향이 컸던 거야?

솔직히 내 가족들로부터 온 영향이 크다고 생각하지 않아. 그 사건이 나에게 좀 영향을 미쳤지 오히려.

질문 2 젊은 세대를 정의한다면?

세대라. 새로운 세대라. 그런데 내가 생각하기에 사람들은 다 똑같아. 태국 사회의 중심적인 이슈, 가장 기저의 문제가 왕실이라고 생각해. 왕실은 태국 정치의 발전을 막고 있지. 사람들은 세대에 있어서 다른 것이 없다고 생각해. 나는 다름을 못 느끼겠는데? 나는 이 사회가 뭐 크게 변하고 있다는 것을 못 느끼고 있어. 특별히 일반적인 사람들의 눈으로 보았을 때, 이 사회는 늘 똑같고 변하는 것이 없어. 공공장소에서도 그렇고 사람들은 왕실에 대해서 언급하지 않아. 그냥 우리 젊은 세대는 나이 든 세대와 똑같다고 봐.

질문 3 왜 젊은 사람들이 시위에 더 많이 참여할까?

내가 생각하기에 그건 젊은 사람들이 억압을 느끼기 때문이야. 정치적인 상황에 대해서 정말 환멸을 느끼는 거지. 사람들이 시위에 참여했던 것은 사실 정치적 자각 혹은 각성을 했다기보다는 그냥 유행같이 생각해서 나왔던 것 같아. 너 군정이 6년 동안 지속되었던 것 기억하지? 나는 사람들이 왜 그렇게 많이 나왔는지 이해해. 그때 그 사람들을 보면, 물론 정치적으로 각성한 사람들이 있었어. 깨어 있는 사람들이 있었어. 그런데 대부분은 그냥 시위에 나가는 것을 유행처럼 생각해서 나온 거야.

질문 4 젊은 사람들이 나이 든 세대에 비해 정치적으로 다른 점이 무엇일까?

정치 운동이나 집회의 측면에서, 투쟁 방법이 젊은 세대는 진취적이고 날카롭게 말하는 특징이 있어. 예컨대 탈루왕(Thaluwang)*이라는 단체를 보면, 나이 든 세대랑 비교했을 때 다르지. 나이 든 세대의 사람들은 직접적으로 나와서 언급하고 그러지 않잖아. 젊은 세대의 커뮤니케이션 방식은 더 직접적이야. 핵심을 찌르는 방식의 발화를 하지. 나이 많은 세대는 패러디를 사용하거나 간접적인 방법으로 범죄에 걸려들지 않게 투쟁을 한단 말이야. 그런데 우리 세대의 사람들은

* 탈루왕은 '궁전을 뚫고'라는 의미를 가진 활동가 단체이다. 옥사한 네티폰 싸네쌍콤이 주도하여 만들었다. 네띠폰이 사망한 이후에는 활동이 줄어들었다.

표현의 자유를 위해서 직접적으로 투쟁을 하지.

질문 5 아나콧마이당, 까우끌라이당, 쁘라차촌당 사이의 차이점이 있을까?

아주 많이 다르지. 나는 아주 많이 다르다고 생각해. 아나콧마이당이 있었을 때를 너는 기억할 거야. 아나콧마이당은 사람들이 원하는 정치적 열망을 직접적으로 드러냈단 말이야. 강했단 말이야. 그들의 이상주의는 순수한 그대로였고 처음에 해산되었을 때는 까우끌라이당과 아나콧마이당이 크게 다르지 않았단 말이야. 다른 점이라면 개별 의회 의원들이었지. 너는 의원들이 그 당시에 다른 의견들을 가지고 있는 것을 보았을 거야. 그런데 까우끌라이당이 쁘라차촌당이 되고 난 이후 그 정당은 지금 프어타이당 같아졌어. 두 번째 해산 이후 그들의 반응을 보면 아주 다르지.

두 정당의 대응이 달랐다고 생각하는 거지?

응, 그럼. 두 번째 해산되었을 때를 보면 아주 다르지. 처음 해산되었을 때, 아나콧마이당은 시위와 집회를 거리에서 이끌었단 말이야. 정당은 정치적 운동의 창끝(spearhead)과 같았어. 그런데 두 번째 해산이 되고서 정당의 방향이 바뀌었단 말이야. 그냥 사람들에게 나와서 자신들에게 투표해달라고 했다고. 나는 두 번째 해산이 된 날 까우끌라이당이 사람들이 시위에 나가지 않았으면 하는 것처럼 보였어. 그날 까우끌라이당 당사 앞에서 집회가 있었단 말이야. 그때 정당은 사람들이 거리로 쏟아져 나가지 않기를 바란 것 같았어. 내가 볼 수 있었던 한 포인트는, 세 달 전인가 그랬을 거야. 대변인이 정당 해산을 가볍게 생각하고 보통 일인 것처럼 생각하면 안 된다고 말해놓고 대중한테 의회 정치를 믿으라고 했어. 시위를 나가야지. 의회 정치를 믿어? 그들은 사람들이 시위에 나가지 않길 바랐어. 나는 거기에 굉장히 많이 실망하고 상처를 받았단 말이야. 우리는 왜 정당이 두 번이나 해산되었는지 기억해야 해. 왕실모독죄 폐지 때문이었잖아. 이게 의회가 제대로 작동을 안 하는 것을 증명하지. 정당 해산은 그들이 법을 폐지하겠다고 해서 일어난 것이잖아. 아나콧마이당은 정책에 대해서 알리고 집회를 하는 데에 늘 자신감이 있었어. 지금 정당의 커뮤니케이션은 확실하지도 않고 올바르지도 않아.

질문 6 지금 집권당과 야당에 각각 1점부터 10점 사이 점수를 준다면? 1점은 최악, 10점은 최고를 뜻해.

현 정부에는 1점을 주고 싶은데.

0점이 아니네?

나는 지금 현 정부가 어떤 진실한 정책도 이행하고 있다고 생각하지 않고 이행할 의지도 없다고 생각해. 예를 들어서, 최저임금을 올리겠다고 했는데 어떤 특정 주와 도시부터 시작한다고 했단 말이야. 시범 사업으로. 나는 그게 정말 이뤄지는 걸 본 적이 없어. 그리고 뭘 한 게 없단 말이야. 동성혼에 대해서도 이건 프어타이당이 한 게 아니야. 처음부터 이야기한 것은 까우끌라이당이었지. 이건 그냥 정치적인 결정이잖아. 아마도 정치적인 결정을 통해 치적을 쌓아야 하니까.

그럼 야당에는?

3점을 주고 싶어. 프어타이당보다 뭘 더 잘하고 있는지 솔직히 모르겠는데? 많은 이슈가 있지만 결과가 없잖아. 미얀마 난민에 대해서도 이야기하고 있지만 언급하는 의원이 한 명밖에 없어. 그녀 역시 아주 많은 공격을 당하고 있고.

그럼 다음 질문으로 넘어갈까?

아, 지금 현 정부에 대해서 더 하고 싶은 말이 있어. 지금 태국의 인권 상황이 참 나쁘단 말이야. 쎄타 정부* 시기부터 시작해서 정부에 상관없이 다 나빠. 감옥에서 죽는 사람들

---

* 2023년 총선 이후, 까우끌라이당의 대표인 피타 림짜른랏의 총리 지명이 실패하였다. 그리고 제2당인 프어타이당의 총리 후보였던 쎄타 타위씬이 투표로 의회에서 인준되었다. 인터뷰 대상자는 이때의 정부를 일컬어 "쎄타 정부"로 표현하였다.

이 생기고 있단 말이야. 수감자들을 대하는 데 있어서도 감옥 안에서 그들의 배경에 따라 차별이 있어. 몇몇 수감자들은 알려지지도 않았고. 그래서 우리는 그들이 더 나은 대우를 받게 해야 해. 부자인 사람들은 감옥에서 잘 지내지. 네가 만약 돈이 있으면 더 잘 지낼 수 있어. 그런데 그렇지 않으면 아주 열악하단 말이야. 이번 해에 붕*이 감옥에서 죽었어. 제대로 된 의료도 받지 못하고 말이야.

'붕'하고 친했다고 들었어. 혹시 그녀의 죽음이 너에게 어떤 의미였는지 물어도 될까? 힘들면 답하지 않아도 돼.

아니야, 답할 수 있어. 붕의 죽음은 아주 트라우마 같았지. 나는 사람들이 붕이 단식 투쟁을 시작했을 때 무시하는 것을 보고 너무 이해할 수 없었어. 정치 운동에 연대가 없다니. 이런 연대감의 결여는 나에게 트라우마를 줬어. 많은 활동가들은 단식하고 있는 그녀를 무시했어. 그녀를 만나기 전에는, 솔직히 나도 그녀를 안 좋아했어. 뉴스도 그렇고 그녀에 대한 루머가 많았어. 그런데 직접 만나고 나니까 다른 시각을 가지게 되었고 그녀에 대한 루머들이 사실이 아니란 것을 알

---

* '붕'은 활동가 네띠폰 싸네쌍콤(1995-2024)의 별명이다. 탈루왕이라는 단체를 설립하고 왕실개혁운동에 매진하였으나 왕실모독죄로 투옥되었다. 옥중에서 그녀는 단식을 시작하였으며 64일을 지속한 끝에 심장마비로 사망하였다.

게 되었어. 예를 들어서 활동가 선배들에게 상담을 했을 때, 물론 그들은 좋은 상담가들이지만, 아무도 붕 네티폰같이 말해주는 사람은 없었어.

말해줘서 고마워. 붕에 대해서 더 이야기하고 싶은 것이 있어?

붕에 대해서 루머들이 많았고 사람들은 그것을 토대로 그녀를 무시하기 시작했지. 그리고 두 번째로는 사람들이 그녀의 정치 투쟁 방식을 마음에 들어하지 않았어. 공공 미디어에서 드러나는 그녀의 이미지를 별로 안 좋아했단 말이야. 거기까지 이야기하고 싶어.

질문 7 지금은 왜 시위를 보기 어려워졌을까?

내가 생각하기에 경제적인 상황 때문이야. 2020년을 돌이켜 보면 우리는 매일 시위에 나갔단 말이야. 그러나 코로나 바이러스가 창궐하고 사람들은 자신의 생계를 유지할 돈을 벌 수 없게 되었어. 그러니까 시위에 나올 수가 없었지. 물론 시위가 줄어든 것에는 다른 이유들도 많아. 하나는 내가 이야기한 것처럼 경제적인 요인도 있고, 그다음은 시위가 너무 반복적으로 일어나니까 그런 것 같아. 무슨 뜻이냐면, 사람들은 시위에 와서 패턴이 늘 똑같으니까 그냥 집에 가는 거지. 똑같은 일이 반복되고 또 반복되니까. 사람들은 이미 알고 있는 것에 대해서 왜 또 와서 해야 하느냐고 질문을 하지.

단상에서 말해지는 것들에 대해서 이미 알고 있는데 말이야. 사람들은 시위에 참여할 그들의 재량이 있잖아.

그럼 다른 사람들을 설득해서 시위에 데려간 적도 있었어?

이웃들에게 같이 가자고 해서, 그들이 같이 가준 적이 있었어. 그런데 그 사람들 개인의 선택도 있는 거니까. 사람들이 시위에 나갈 때 같은 내용이 계속 반복되니까 어떤 사람들은 시위에 마음을 붙이지 못할 수도 있잖아. 나는 솔직히 이게 정치 엘리트들이 의도한 것이 아닌가 싶기도 해. 계속 시위가 낡고 예전 같은 패턴으로 계속되니까.

오, 엘리트들이 의도한 거다?

그래서 나는 사람들을 교육하는 게 중요하다고 생각해. 그렇지만 우리는 우선 전투의 현장에 있고 일단 이겨야 해. 우리는 변화를 이끌 수 있는 힘이 없는 사람이야. 우리는 우선 많은 사람들이 분노하기를, 그리고 변화를 원하기를 기다려야 해. 그런 다음에 새로운 토대를 쌓을 수 있는 0의 상태에서부터 시작할 수 있어. 2020년 시위에서 아주 유명한 구호가 있었지, 우리 세대에서 끝내야 한다고. 난 그런데 그 말을 믿지 않아. 그건 아주 양날의 검 같은 의미거든. 우리 세대에서 끝내야 한다는 말이 될 수도 있지만, 동시에 우리 세대에서 이길 수 없이 마무리된다는 의미이기도 해. 우리가 먼저 죽을 수도 있잖아. 그래서 믿지 않아.

그럼 시위를 진작하기 위한 방법은 없는 걸까? 의회도 그 역할은 못 하고 있다고 보는 거잖아?

의회 제도는 우리가 사용할 수 있는 방법 중에 하나이긴 하지. 그런데 태국은 준민주주의(semi-democracy)야. 제대로 작동하고 있지 않아. 활동가들은 의회에서 일하는 이들을 많이 볼 수 없어. 결국 답은 시위야, 사람들의 조직(mobilize), 조직이 중요해!

질문 8 그렇다면 2020년에 비해서 2024년에 시위를 볼 수 없는 이유는 무엇일까?

사람들의 마인드셋이지. 사람들은 그냥 투표해서 이름만 다른 정당을 뽑으면 된다고 생각했지. 그래서 시위에 나가지 않았어. 정당에서 주어진 메시지들은 해산에도 불구하고 투표하란 것이잖아. 그래서 시위에 나가지 않았다니까. 사람들은 그냥 투표하고 투표해. 이게 반복되는 거야. 계속 이런 사이클이 반복되는 것이지. 정당이 해산되고 해산될수록 오히려 커지고 더 커진다는 말이 있지만 나는 그걸 믿지 않아. 지금 쁘라차촌당에 좋은 느낌이 있지만, 아마 다음 선거에서 내 표를 받을 수는 없을 거야.

질문 9 태국은 언제 완전한 민주주의를 얻을 수 있을까? 너의 생에 가능하다고 생각해?

아니. 내가 일반적인 사람의 시선에서 말했던 구절을 떠올려 보면, 우리 태국 사회는 많이 발전하지 않았어. 붕의 사례에서도 보면 바뀐 것이 없잖아. 그냥 반복되는 영화같이 계속 똑같은 거야. 1976년 10월 동안 사람들은 학살 장소에서 웃었단 말이야. 사람들은 그냥 붕의 죽음에서도 똑같은 짓을 하고 있는 거야. 태국 사회가 앞으로 나아가고 있지 않는 것이지. 그냥 모든 것이 반복되고 또 반복돼.

■ ■ ■

태국 사회에 얼마나 실망했으면, 오죽 그렇게 실망했으면 지지하는 정당에 대해서도 저렇게 비판을 할까. 까우끌라이당 해산 이후에도 친구가 실망하는 것을 내가 그날 직접 듣기도 했었고, 시간이 지날수록 그 실망이 더 커지는 것을 볼 때마다 마음이 아프다. 얼마 전에 이 친구는 나에게 인스타그램 디엠으로 어느 대학 정치학부에 등록해서 수업을 듣는다고 했다. 그렇게 정치학을 공부해서 태국 사회에 대해서 목소리를 내고 싶다고 했다. 그런 선택을 했다니 반갑기도 하고 좋았다. 태국 역사에 대해서 공부하고 목소리를 더 많이 내기를, 대신 그가 안전하기를 늘 기도하고 또 기도한다.

2023년에 만났을 때는 시위에 같이 나갔던 사람들이 하나씩 잡혀가고 조사를 받으며 수감이 되는 상황들을 걱정하면서 내 앞에서 눈물을 흘리고 그랬는데…. 다음은 자신의 차례가 되지 않을까, 무섭지만 그래도 함께하는 사람들을 위해 시위에 나가겠다는 그를 볼 때면 늘 존경스러움이 느껴졌다. 그런데 지금 그가 보이는 분노와 무언가 미묘한 지점이 나를 슬프게 한다. 그의 마음의 변화는 아마도 그가 운동에 그만큼 애정이 있고 투쟁을 지속하고 싶은 마음이 있기 때문일 것이다. 슬픈 마음이 있어도 그저 묵묵하게 응원하는 것, 그것이 내가 할 수 있는 일이다.

끝까지 버티는 자가
살아남는 법

. . .

20대, 동북부 출신, 대학원생, 여성

시위에 참가했지만 현재에는 나가지 않으면서 정치에 관심이 많은 사람들의 이야기도 듣고 싶었다. 활동가의 단계를 나눠본다면 대략 이렇게 정리할 수 있을 것이다. 첫째, 시위에 나가면서 활동가 단체도 가입하고 현재에도 활발하게 활동하는 사람, 혹은 시위를 하다가 형법 112조와 116조, 컴퓨터범죄법에 의해서 수감되거나 조사받은 적이 있는 사람. 둘째, 시위에 나가면서 단체에 가입하였으나 조사를 받은 적이 없는 사람. 셋째, 시위에 나가보았으나 현재에는 활동하지 않고, 정치에는 여전히 관심이 많은 사람. 넷째, 시위에 나간 전력이 있으나 현재는 활동하지 않는 사람. 그리고 나머지는 활동한 전력도 없고 현재에도 활동하지 않는 사람.

2020~2021년 사이에 활동을 하지 않았으나 현재 새롭게 활동하는 사람을 찾아보려 했지만 그런 사람은 활동가 사이에 존재하지 않았다. 이전에 있었던 남성 고등학생은 나

이가 어렸기 때문에 그랬던 것이고 20대 후반, 30대 초반 활동가 중에는 그런 사람이 주변에 존재하지 않았다. 지금까지 그래도 위 네 분류에 들어가는 여러 사람들을 모두 만나볼 수 있어서 좋았다. 다만, 그간의 인터뷰에서 아쉬운 것은 여성 활동가 혹은 활동 경험자들의 목소리가 생각보다 적다는 점이었다. 그래서 여성 활동 경험자를 물색하게 되었고 다행히 나와 가까운 네트워크에서 찾을 수 있었다. 생각보다 흔쾌히 응해주었고 이메일로 진행하였다. 이메일로 진행한 이후, 추가로 질문을 주고받았고 그 내용까지 모두 담았다. 인터뷰는 태국어로 진행하였다.

질문 1 **시위에 참여한 이유가 무엇인가요?**

전환점은 코로나였어요. 강제적인 모든 것들이 나쁘다고 생각하게 되었죠. 정치는 곧 우리 삶의 모든 것이고 백신 관리도 그랬죠. 다른 나라에서는 모더나, 화이자를 들여왔지만 우리는 시노백을 맞아야 했어요. 가족과 크게 싸우기도 했습니다. 매일 뉴스에서 사람들이 죽어가는 것을 보았어요. 그때 정부에 많이 분노했죠. 대학교 3학년이 되면서 다시 학교에 나갈 수 있었는데 트위터에서 보던 이야기를 친구들과 나누게 되면서 더 관심을 두게 되었어요. 유튜브에 있던 토론을 보고 세상이 확장되는 느낌을 받았죠. 결국, 모든 것이 정치 문제였다는 걸 깨달았죠.

　이전 세대가 이렇게까지 방치하고 아무것도 하지 않았다는 것을 이해할 수 없었어요. 만약 그들이 선거 이후에 방해하지 않았다면 태국이 훨씬 발전했을 것입니다. "이제는 우리 세대에 끝내야 한다!" 이런 생각을 하고 있었어요.

그렇다면 시위에 주로 2020년에 참여했던 것인가요?

맞습니다. 2020년에 주로 참여했어요.

질문 2　젊은 세대를 정의한다면?

여러 뉴스를 더 많이 보고 다른 나라들의 사례를 보며 더 많은 이야기를 접하죠. "건드릴 수 없는 것"이라는 의제가 젊은 세대에겐 없어요. 일본, 한국, 영국에서는 어떻게 하는지 궁금해하고 비교하죠. 저는 해외 방송 프로그램을 보면서 시야를 많이 넓혔던 것 같아요. 모든 것이 정치적이라는 것을 깨달으면서 우리는 항상 자기 자신을 비교하고 문제를 찾고 질문을 던집니다. 의심하는 힘이 많고 바꾸고 싶다는 열망도 강해요. 반면, 이전 세대는 이미 익숙하거나 궁금해하지 않거나 신경 쓰기 싫어해요. 어차피 바꿀 수 없다고 생각하니까요. 같은 신세대 내에서도 다양한 사회적 이슈에 따라 의견이 다를 순 있죠. 그렇지만 신세대는 "듣는" 태도가 달라요. 이전 세대는 듣지도 않고 바로 젊은이들을 비난하죠.

질문 3 왜 젊은 사람들이 시위에 더 많이 참여할까요?

이제 정치는 우리의 문제라고 느낍니다. 우리의 목소리가 변화를 가져온다고 생각해요. '우리 세대에서 끝내야 한다'는 마음입니다. 트위터의 분위기가 우리에게 매우 중요했어요. 긴장감이 고조되면 해시태그를 따라 바로 거리로 나갔어요. 그런데 지금은 트위터에서의 활동과 긴장감이 많이 사라졌어요. 새로운 알파 세대가 등장하고 있어요. 이제 2007, 2008, 2009년생이 고등학생이 되는데 Z세대와는 또 다르거든요.

질문 4 젊은 사람들이 나이 든 세대에 비해 정치적으로 다른 점이 무엇일까요?

이전 세대는 왕실 문제에 대해선 아예 입도 떼지 않았어요. 잡혀갈까 봐 두려워했고, 다른 문제에 대해서는 논리적이면서도 왕실 문제에 대해서만큼은 그 논리가 사라졌어요. 왕실은 왕실이니까 받아들여야 한다는 것이죠. 그렇지만 신세대는 그것에 대해 토론하고 싶어 합니다. 이 문제를 항상 이야기하고 싶어 해요.

신세대는 사회 문제에도 관심이 많고 더 포괄적입니다. 노동 문제, 장애인, LGBTQAI+, 낙태법, 성 노동자의 권리, 노인 인권, 동물 학대, 환경 문제, 난민 문제 등 다양한 사안에 대해서도 고민합니다. 정치적으로 같은 당을 지지한다고 해도 이런 문제를 무시하거나 반대한다면 신세대는 그 정당을 택하지 않습니다.

지난 총선 전에 비례대표제 투표에서 까우끌라이당을 찍을지 프어타이당에게 몰아주는 것을 택할지 고민했어요. 그런데 까우끌라이당이 선거 중에 열린 토론회에 유일하게 후보를 보낸 것을 보고 망설임 없이 까우끌라이당을 택해서 투표했습니다.

질문 5 **아나콧마이당, 까우끌라이당, 쁘라차촌당 사이의 차이점이 있을까요?**

전반적으로 비슷하지만 리더의 분위기에 따라 다르다고 생각해요. 저는 아나콧마이당을 좋아해요. 직설적이고 명확하거든요. 무엇보다 타협하지 않는 게 너무 좋았습니다. 정치인들의 토론을 들었는데, 집에서는 아나콧마이당을 지지하는 저보고 급진적이라고 했어요. 까우끌라이당의 경우에는 아나콧마이당보다 좀 더 부드러운 느낌이에요. 당대표인 피타는 대화하는 방식이 부드러워서 아나콧마이당이 말했던 것을 기성세대도 받아들이게 만들었어요. 아나콧마이당이었다면 기성세대의 지지를 얻지 못했을 것이라 생각해요. 집에서도 까우끌라이당을 좋아했어요. 예전의 아피씻 총리를 좋아했던 것처럼요. 쁘라차촌당은 잘 모르겠네요.

그렇다면 피타 씨에 비해서 타나턴 씨를 더 좋아하나요?

네. 저한테는 타나턴 씨가 피타 씨에 비해서 좀 더 혁명적인 바이브를 주거든요. 제가 생각하기에 기성세대는 타나턴 씨를 별로 좋아하지 않는 것 같아요. 왜냐하면 그가 타협을 잘 하지 않는다는 특징이 있는 것 같거든요. 타나턴 씨는 기성세대에겐 너무 직접적이에요. 피타 씨는 좀 더 부드럽고, 음악이나 책에 대한 관심을 보았을 때 Y세대나 Z세대에게 다가가기 쉽다는 점이 있고, 무엇보다 남자친구 바이브를 사람들에게 주는 것 같아요.

정리하자면, 전체적으로 보았을 때 피타 씨가 총리가 되기에는 괜찮은 사람이라고 생각해요. 저도 그를 지지하기도 하고요. 그렇지만 타나턴 씨는 좀 더 직설적이고 안정적인 느낌을 줍니다. 물론 그것이 그가 실용적이지 못해서 이기지 못한다는 말도 되지만요. 그래서 저는 개인적으로는 타나턴 씨에게 마음이 가기는 합니다.

제가 이제까지 인터뷰했던 활동가들은 오렌지당이 타협을 하고 있다고 비판해요. 이것에 대해서는 어떻게 생각하세요?

2023년 총선 이후 정부를 수립하기 이전에 까우끌라이당이 태국민주당을 포섭하고 있다는 기사가 났었죠. 저도 그렇고 트위터에서 사람들이 정말 분노했었어요. 제가 생각하기엔 그런 협상이 젊은 세대에겐 긍정적으로 보이지 않았던 것 같아요. 물론 까우끌라이당은 결국 태국민주당과 정부 수립 구성 협상을 하지 않았지만요. 그리고 제가 생각하기에 까우끌라이당이 협상을 하는 이유는 그 당이 의회에서 정말 많은 의석을 차지하거나 다른 정당에 의존하지 않아도 되는 때가 아니라면 결국 정말로 적도 친구도 없다는 것을 젊은 세대에게 보여주기 위해서인 것 같아요.

흐음, 지금은 결국 저를 포함한 새로운 세대가 프어타이당이 하는 것을 지켜보고 있는데요. 사람들은 프어타이당이 보수주의자들과 손을 잡았다고 생각하죠. 제가 생각하기엔요? 그런데 형법 112조는 타협할 수 없는 것이고…. 저는 그래도 정치적인 사안들에 대해 사람들을 사면해야 한다고 생각해요. 아주 걱정스러워요. 피타 씨와 함께한다면 다음 선거에서 이길 수 있는데, 지금 당대표인 탱 씨라면 과연 그럴 수 있을까요….

질문 6 지금 집권당과 야당에 각각 1점부터 10점 사이 점수를 준다면요? 1점은 최악, 10점은 최고를 뜻합니다.

연립 정부에는 5점이요. 홍수 대응이 늦었고 이상한 발표가 많았어요. 대부분의 해결은 다 시민사회가 했어요. 야당에는 7점이요. 현장 방문 사진이 이상하기는 했지만 최근 홍수 사태 때 트위터에서 신속하게 설문을 올리고 문제 제기를 했어요. 이런 것만 보아도 희망이 있죠.

질문 7 지금은 왜 시위를 보기 어려워졌을까요?

다들 자신의 삶으로 돌아갔기 때문이에요. 코로나 때처럼 사회 분위기가 긴장되지 않았어요. 대학교에서도 예전처럼 정치 토론을 많이 열지 않아요. 트위터도 한때는 긴장이 넘쳤었는데 지금은 달라요.

질문 8 그렇다면 2020년에 비해서 2024년에 시위를 볼 수 없는 이유는 무엇일까요?

사람들의 정치적 인식이 선거를 거치면서 성숙해졌어요. 아나콧마이당 해산 당시에는 처음 경험하는 선거여서 사람들이 정말 많이 분노했어요. '이렇게까지 한다고?'라는 생각이 들었거든요. 그런데 까우끌라이당이 해산되었을 때는 정당 자체도 그렇게 분노하지 않는 분위기예요. 사람들도 '다음 선거에서 해결하자'는 느낌이었어요.

질문 9 태국은 언제 완전한 민주주의를 얻을 수 있을까요? 당신의 생에 가능하다고 생각하세요?

모르겠어요. 시위 당시에는 제가 죽기 전에 볼 수 있을 거라고 확신했어요. 그런데 까우끌라이당이 해산되고 후배들이 정치에 관심이 없는 걸 보고 기대를 낮추기로 했어요. 그래도 내심 기대는 하죠. 민주주의를 달성하더라도 그 이후에 지켜봐야 할 것들이 많을 거예요.

이전까지 인터뷰한 활동가들과 답변의 결이 좀 다르거든요. 활동가들은 쁘라차촌당에 분노를 표출하면서 길거리 시위가 더 낫다고 생각해요. 길거리 시위가 더 낫나요? 아니면 우선 가만히 기다리는 게 낫다고 생각하나요?

길거리 시위가 일어나면 제일 좋을 것 같은데 실제로 너무 어려울 것 같아요. 목적을 바꿔서 다음 선거를 기대하는 게 낫다고 생각해요.

일단 이렇게 있는 게 전략적으로 더 낫다는 말씀이시죠? 긴 호흡의 전략으로 다음 선거를 기다리는 것이요.

맞아요. 붕이 감옥에서 죽었고 아논 남파도 감옥에 있지만, 지금은 시위를 시작하기에 충분한 화가 모인 것 같지 않아요.

이렇게 이야기하니 다른 활동가들과 답변이 비슷하네요.

사실 길게 버티면서 희망을 갖는 것은, 정말 미래가 없는 희망이네요.

그렇게 생각해요? 제가 보기엔 당신과 활동가들 답변의 차이는 쁘라차촌당에 대한 분노의 차이인 것 같은데요. 그만큼 더 기대

했던 정당에게 분노하는 것은 당연한 것 같아요.

그래서 저는 한국 사람들이 1980년대에 데모를 하고 직선제를 쟁취했을 때의 느낌이 궁금해요. 탄압이 계속 있었을 텐데 어떻게 희망을 품고 민주주의가 다가올 때까지 버틸 수 있었는지요.

오, 아주 좋은 질문이네요. 제가 겪어보지 않은 것이라 저도 답변드릴 수는 없지만요. 저는 그래서 민주화 운동에 투신한 분들이 너무나도 존경스러워요. 저는 그냥 이렇게 가만히 앉아서 사회 운동하시는 분들을 지켜보고 있어서 스스로 좀 부끄럽기도 하고요.

태국 사람들은 지금 화는 나 있어요. 그런데 지금은 아마 아무것도 하지 못하리라 생각합니다. 사람들이 또 정치에 무관심해질까 봐, 그게 저의 걱정이에요. 저 스스로 무기력하게 생각하고 정치에 관심이 없어지는 것이요. 프어타이당이 탁신이 원하는 대로만 하는 것을 볼 때마다 굉장히 우울해요. 그들은 옳게 행동하는 것에는 신경 쓰지 않아요.

■ ■ ■

활동가들이 시위가 더 많이 있었으면 좋겠다는 내러티브를 가지고 있는 것과는 달리 이번 인터뷰에서는 다음 선거를 기다린다는 말이 주된 마무리였다. 지난번 인터뷰에서 태국인 부부를 보았을 때도 남편이 다음 선거를 기다린다는 말을 했었는데 이것과 비슷한 이야기였다. 그런데 더 깊이 물어보니 시위가 있어야 하고 사람들이 정치에 더 관심 있어야 하지만 동시에 아무것도 할 수 없으니 지금은 기다리는 것밖에 없다는 체념이랄까. 그런 것이었다. 더 이상 내가 무엇을 더 물을 수 있을까 싶었다.

귀국하기 전에 다른 재단의 활동가에게 미래가 어떨 것 같냐고 물었는데, 그에게서 돌아온 답변도 같았다. "솔직히 지금 미래가 어떻게 될지 아무도 모른다. 결국 그냥 버티는 것이 지금으로서 최선이 아닐까." 이 말을 들으며 어느 쇼핑몰에서 수키를 먹고 있는 내가 너무 이질적이었다. 인터뷰를 하면서 민주화 운동을 한 사람들이 존경스럽다고 한 답을 확인하다가 주책맞게 버스에서 눈물을 흘리고 말았다. 내가 가만히 앉아 그냥 세상을 즐기는 방관자 같았다. 결국 분노의 수준은 다 다르지만 원하는 방향은 같다. 얼마나 답답할까. 형용할 수도 없다.

젊은 활동가, 혹은 활동을 해본 적이 있는 사람들에 대한 인터뷰는 열한 명으로 우선 끝을 맺었다. 이것을 바탕으로 논문을 적고자 했지만 우선 이야기를 공개하고 태국의 활동가들의 생각, 그리고 활동을 경험한 사람들의 생각을 세상에 전달하고 싶었다. 그들이 원하는 태국은 더 나은 태국, 표현의 수준이 더 높은 태국, 주변 사람들이 행복한 태국이었다. 얼마나 간단하고 명료한 바람인가. 이를 위해 그들은 버틸 방법을 찾고 있고 민주주의를 위해 노력할 것이다.

특별 인터뷰

노동계의 대부, 쏨욧 프륵싸까쎔쑥 선생을 만나다

■ ■ ■

60대, 방콕 출신, 대졸, 남성

영광이었다. 쏨욧 프륵싸까쎔쑥 선생은 2020~2021년 사이의 시위를 이끈 인물이며 태국 노동운동의 대부이다. 이미 왕실모독죄로 7년 형의 수감 생활을 한 바도 있다. 이런 이력만으로도 다가가기 힘든 존경스러운 분을 내가 만나게 되다니. 연구보조의 덕이었다. 그는 쏨욧 선생을 정기적으로 만나고 있었고 현재에도 그의 페이스북을 보면 함께 식사하는 사진을 자주 볼 수 있다. 사회 운동을 열심히 하는 내 연구보조 친구도 너무 존경스러운데 쏨욧 선생과 가깝게 지내다니 참 고맙고 나에게 운이 좋은 일이었다.

어디 바깥의 카페에서 인터뷰를 할 줄 알았는데 보조 친구가 쏨욧 선생의 댁으로 가자고 했다. 요즘도 쏨욧 선생의 집은 활동가들의 숙박 장소로 활용된다고 했다. 신발을 벗고 들어가는 순간 세월이 보이는 흰 머리의 어른께서 나를 맞이해주셨다. 태국 합장 인사를 하고 악수를 하는데 자신의

쏨욧 선생(좌) 댁에서

집에서 활동가들이 집회하고 자고 간다는 이야기를 해주셨다. 이런 장소에 내가 초대를 받아 인터뷰를 진행한다니 영광스러웠다. 인터뷰는 2024년 11월 9일 토요일에 진행되었으며 영어로 진행되었다. 미리 만들어 놓은 질문을 하는 것보다 비슷한 질문을 던지면서 동시에 쏨욧 선생의 배경을 더많이 알고 싶었다. 쏨욧 선생이 태국 사회에 관해 어떻게 생각하는가에 대해서는 성공회대 박은홍 교수가 선생과 진행한 인터뷰가 깊은 내용을 전한다.[20] 참고하면 좋겠다. 쏨욧선생은 62세의 남성이며 방콕 출신이고 대학에서 정치학을 전공하였다.

젊은 세대를 정의한다면 어떻게 하시겠어요? 태국의 세대 구분이 따로 있을까요?

네. 태국에도 구분이 있죠. 저는 베이비붐 세대고, X세대, Y세대, Z세대 이렇게 구분할 수 있겠죠. 미디어에서 오고 가는 구분으로 이해하고 있어요. 제가 커왔던 당시는 인도차이나 전쟁이 있던 냉전 시기예요. 저는 그런 시기에 자랐고 소련을 중심으로 한 사회주의자들과 미국의 자본주의자들이 싸우던 때였죠. 1970년대의 전쟁 시기에요.

그렇다면 그런 때에 태국에서도 그렇고 베트남에서도 사회주의와 자본주의 사이의 경쟁에 대한 냉전의 맥락을 공유하고 있었겠네요?

그렇죠. 저의 어린 시절은요. 사회주의자와 공산주의자가 있었는데, 아주 잘 알겠지만 자본주의에 맞서 싸웠죠.

선생께서는 개인적으로도 냉전 시기에 정치 활동에 관심이 많으셨나요?

제가 어렸을 때, 고등학교 시기에 저는 이미 학생 운동가였어요. 좌익(leftist) 운동, 특히 공산주의 운동 연합을 만들었고요. 왜냐하면 1973년에 우리가 시위를 했는데요. 그 바로 직후에 태국에 사회주의가 밀려들기 시작했어요. 라오스와 캄보디아가 구체제(ancient regime)를 무너뜨리고 새로운 사회주의 국가를 건설하고 있었으니까요. 그 당시에 미국하고 싸움이 있었단 말이에요. 미국은 태국의 군부대를 거점으로 삼고 있었고요. 베트남과 라오스에 폭탄을 투하하는 시작점이 되었고요.

레드 셔츠 운동에도 참가하신 것으로 알고 있어요. 무엇이 선생님을 그 운동으로 이끌었나요?

왜냐하면 제가 고등학생과 대학생이었을 때 활동가였던 배경이 있기 때문이고 제 가까운 친구들이 프어타이당, 그 당시는 타이락타이당이었죠. 그 정당의 정치인이었거든요. 그리고 타이락타이당의 일부 정치인들도 공산당 활동을 하면서 정글에서 활동을 했었기 때문이에요. 그 사람들하고 다 연결망이 있었죠. 우리는 만났고 그 친구들이 상황을 설명했어요. 저에게 레드 셔츠에 합류해 달라고 부탁을 했어요. 저는 처음에는 거절을 했죠. 사실 저는 타이락타이당을 좋아하지 않았어요. 그때 이미 저는 노동운동을 하고 있었기 때문입니다. 우리는 탁신 정부를 좋아하지 않았거든요. 그래서 레드 셔츠에 합류는 하되 최전선에 서지는 않았죠. 탁신 정부는 자본주의자를 대표하고 있었으니까요. 저는 사회주의를 비롯한 좌익으로 스스로를 정체화하고 있잖아요. 그래서 그의 정부를 좋아하지 않았어요.

옐로 셔츠 운동이 일어났을 때, 저는 사실 거기에 참여했어요. 그런데 옐로 셔츠 측에서 선거보다는 위로부터의 내각 임명을 제안할 때, 아, 이건 민주주의가 아니라는 생각이 들었죠. 위에 계신 분들에게 권력을 다시 반납해야 하는 것이, 윗사람들이 정부를 임명하는 것이요. 그래서 이건 민주주의가 아니구나라고 의심했고, 이후 옐로 셔츠로 활동하지 않기로 했어요. 그리고 2006년 쿠데타가 일어났죠. 저는 그 쿠데타를 보고 위하고 연결되어 있다고 확신했어요. 그 쿠데타는 사실 윗사람들을 보호하기 위해서였거든요.

탁신 정부는 윗사람을 별로 좋아하지 않았어요. 그 사람은 공화국의 이상을 가지고 있었을 것입니다. 그래서 우리 사이에 토론이 있었어요. 과연 탁신이 그 대안이 될 수 있는지요. 그래도 탁신은 최소한 선거로 당선되었고, 우리는 탁신의 제1기 민정 정부를 잘 즐겼죠. 그는 그래도 시민을 위한 정책을 제법 했습니다. 30밧 건강 보험 정책도 펼치고 경제 진작을 위해서 많이 일했습니다. 쿠데타 이후의 계엄 상태를 비교하면, 계엄하에서는 자유가 없지만, 우리는 그래도 탁신 정권하에서 민정 정부라는 이름으로 집회의 자유를 누렸죠.

그렇다면 노동조합 활동을 하시면서 이념을 바탕으로 분열을

경험하신 적은 없나요?

있죠. 대부분의 노동조합 사람들은 보수주의자들입니다. 본 원적으로요(naturally). 그들은 보수적입니다. 운동의 공동대표들은 모두 공기업 출신이에요. 사기업에서 오지 않았단 말입니다. 아주 강한 노동조합을 구성하고 그들이 조합에서 상근으로 일했어요. 교섭력도 있었고 동원할 수 있는 자원도 있습니다. 그래서 공기업이 사기업에 비해서 더 좋은 환경에서 노동을 할 수 있었죠. 더 나은 작업 환경이 있었어요. 사기업에 비교하면 말이죠. 그래서 그들은 쿠데타를 지지했어요. 옐로 노동조합에 들어가서 옐로 셔츠로 탁신에 반대하는 운동을 했어요. 왜냐하면 탁신 집권기에 그가 많은 공기업을 민영화하려고 했기 때문이에요. 그래서 공기업 노조들이 탁신을 반대했죠. 그리고는 어떻게 그들이 탁신을 반대했는지 알아요? 아주 강하게? 왕실에서 공기업을 만들었는데 어떻게 공기업을 민영화하느냐는 논리였죠. 그 회사는 국왕에게 속하고, 국왕이 만든 것이었죠. 라마 5세가 즉위하고 아주 많은 공기업이 만들어졌으니까요. 그래서 이런 이념을 자본주의를 반대하는 데에 사용했습니다. 그들은 자본주의를 아주 나쁘게 묘사했죠. 이게 저의 진단입니다.

그렇다면 그 당시 노동운동과 현재 젊은 사람들의 시위는 전략의 측면에서 어떻다고 보세요?

노동조합은 교섭력이 있죠. 정부와 이야기할 수도 있고 파업
도 할 수 있으니까요. 그리고 전기를 끊어버릴 수도 있고요.
아주 강한 교섭력이 되는 것이죠. 어떤 특정 정부 관료의 집
전기를 끊어버리고 점거할 수도 있고요. 이걸 이제 탁신 정
부에 반대해서 사용했었어요. 그런 데에 반해서 학생 운동은
교섭력도 없고요. 특히, 거리에서 시위하잖아요? 그러면 어
떻게 그들이 노동조합 같은 힘을 갖겠어요? 그리고 노동조
합 사람들은 대부분 보수주의적이라는 것을 기억해야 합니
다. 보수주의자들이니까 더 큰 힘과 자원을 끌어다 쓸 수 있
어요.

**그럼 어떻게 학생 운동에 참여하시게 되었는지 그 배경을 더
여쭤도 될까요?**

1974년과 1975년에, 1973년 이후죠. 그때 사회에서 학생들
이 하는 주도적인 역할이 있었어요. 그때가 태국에서 처음으
로 민주적인 시기였다고 생각해요. 사람들은 자유를 누렸고
사회에서 학생운동이, 그리고 노동조합이 어떤 역할을 할 수
있는지 볼 수 있단 말이에요. 그리고 사람들은 농민과 노동
자들을 위해 함께 싸우기 시작했어요. 또 농민조합도 만들
면서 사람들의 정치 참여에 영향을 미치기 시작했죠. 농민,
노동자, 학생들은 함께 투쟁했어요. 저는 거기에 영향을 많
이 받았죠. 제가 다니던 학교가 왕궁 주변이었는데요. 수업

이 끝나면 왕궁 주변으로 가서 연도 날리고 자전거도 타면서 시위하는 모습을 많이 보았어요. 고등학교 때도 버스를 타고 왕궁으로 갔어요. 그때면 농민, 노동자, 학생들이 시위를 했단 말이에요. 선배들이 많았어요. 저를 거기에 데려갔단 말이죠. 선배들은 저를 클렁떠이(방콕의 슬럼 지역-옮긴이)로 데려갔어요. 저는 거기서 가난한 사람들을 보았죠. 그곳에 포구가 있었는데, 사람들이 들고 다니는 짐도 보고, 한 사람이 100킬로나 되는 쌀가마니를 지고 가는 것을 봤어요. 우리 가족들이 그곳에 일하러 가기도 했는데, 제 동생이 그런 걸 지고 다녔어요. 거기서 노동자들이 얼마나 힘든지도 보고 어떤 열악한 노동 환경에 시달리는지도 봤어요. 그때 이미 우리 학교에 선배들이 좌익 운동에 대해서 잘 알고 있으니까요. 맑시즘을 공부하는 클럽을 조직하기도 했죠.

그렇다면 2020년이나 2021년에는 어떻게 학생 운동과 같이 하시게 된 거예요?

레드 셔츠에 합류하고 나서 저는 왕실모독죄에 기소되었죠. 그것이 기점이었던 것 같아요. 제가 7년 동안 수감되었거든요. 석방되고 나서 학생들의 시기가 찾아왔습니다. 학생운동의 리더들이 저를 찾아왔죠. 저희 집에 왔어요. 그들은 정부에 대해서 화가 났다고 저에게 말했습니다. 그때는 코로나 바이러스가 퍼지던 시기예요. 그래서 다들 저희 집에 찾아왔고, 저는 알겠다, 그럼 사람들을 모아보자, 그렇게 이야기했죠. 그래서 모두 다 같이 거리로 나갔고 그들은 많은 대학들의 학생 기구를 모아 왔어요. 맞아요. 그때 처음으로 시위를 조직한 거죠. 사실, 그들은 요구 사항이 없었어요. 그냥 경제 상황에 대해서 분노하고 있었어요. 정부를 좋아하지 않았던 것이고요. 그냥 시위를 하기 위해서 모인 것이었어요. 그때 몇천 명이 모였죠. 젊은 사람들은 왜 모이는지를 몰랐습니다. 리더들은 뭐, 조직적이지 않았어요. 플랫폼이 없었죠. 심지어 시위에 필요한 스피커(amplifier)도 충분하지 않았습니다. 처음에는 3000명 정도 모였던 것 같은데, 그 이후로 더 많은 사람들이 모이고 또 모였죠.

처음 학생 그룹은 왕실모독죄에 대해서 이야기하지 않았어요. 그냥 쁘라윳 정권 퇴진이 목적이었죠. 오히려 농민, 노동자, LGBTQ 이슈를 들고 나왔어요. 한 곳에서 다 다뤘죠. 그러다 한 학생 단체에서, 아, 그러면 안 된다, 우리는 왕실 문제에 대해서 다뤄야 한다고 했죠. 그들이 다수가 되고 그러면서 큰 시위가 일어났죠. 주최 측 추산으로 10만 명이라고 했던데, 맞나? 2020년 9월 19일이었습니다.

수감 이후에 합류가 쉽지는 않았을 것 같습니다.

그래서 리더가 저를 불렀고 저에게 상징적인 역할을 해줘야 한다고 했어요. 태국 사회의 구조적인 변화를 위해서요. 그들은 저를 상징적이라고 했는데 왜냐하면 7년 동안 감옥에 있었으니까요. 처음에는 수감 이후에 시위에 나갈 준비가 되어 있지 않다고 이야기했는데, 계속 찾아와서 설득을 하잖아요. 그들은 저도 모르게 시위 홍보에 저의 이름을 올렸습니다. 시위에 저를 포함했죠. 이미 저의 이름이 있었어요. 앞서 말했지만 저는 준비되어 있지 않았습니다. 리더가 저의 이름을 넣어서 나갔던 것이죠. 이후에 투옥된 사람들을 대신해서 리더들이 필요하게 되었는데, 그때 제가 그 역할을 하겠다고 했습니다. 제가 의도한 것은 아니었어요.

2020년 이후에 젊은 세대들로부터 뭔가 다른 점을 발견하셨을까요?

아주 놀라웠어요. 저는 왕실모독죄로 기소되어 감옥에서 형기를 마치고 나왔어요. 그래서 구조적인 개혁에 관심이 많았지만 그래도 직접적으로 비판하기는 좀 어려웠죠. 그런데 젊은 이들은 아주 창의적이에요. 비판하려고 하는 대상에 대해 간접적으로 잘 말합니다. 그리고 소셜미디어를 잘 활용하지요. 그것이 패션같이 된 것입니다. 학생들은 그들 스스로를 자랑스러워 해야 한다고 생각해요. 인생에서 중요한 것을 찾았잖아요. 태국 사람들은 그 개혁 주제에 대해서 말하기를 무서워하지만, 그래도 너무 비판적일 수 없잖아요. 그냥 사회 구조에 대해서 긍정적으로 말하고 순응할 수 있잖아요.

그런데 제가 어디를 갈 때마다 시위가 있었고, 구조적인 것에 대해 비판을 했지요.

그렇다면 왜 2022년 이후로는 시위를 잘 볼 수 없는 것일까요?
학생들은 어리죠. 대학에서 4년을 보내요. 그리고 노동 시장으로 나가야 하죠. 요즘은 직장 잡기도 참 힘들어요. 인생이 힘들잖아요. 그런 학생들의 상황을 이해해야만 합니다.

경제적으로 어려우니 시위에 나와요. 만약 경제가 더 열리고 좋아져서 기회를 그만큼 얻을 수 있다면 학생들은 좋겠죠. 사람들은 쇼핑도 즐기고 인생도 즐기고 그럴 수 있죠. 그런데 코로나 바이러스가 예기치 못하게 나오면서 경제에도 문제가 생겼어요. 방콕의 경제도 위축되고 시위도 위축됐죠. 그러면서 사람들은 거리로 시위로 나왔다고 생각해요.

선생님의 시각으로는 경제가 주요한 원인이네요?
제 시각에서는 그렇습니다.

그렇다면 선생님, 아나콧마이당, 까우끌라이당과 쁘라차촌당의 사이의 차이가 있다고 보시나요?
아나콧마이당은 꽤 잘했죠. 더 진보적이고 더 나았죠. 퀄리티로 보면 아나콧마이당이 제일 좋고 그 뒤로는 좀 덜 잘하고, 덜 잘하고 그렇죠.

정당이 시위를 조직하는 데에 큰 역할을 했다고 보시나요?

2020년에는 직접적으로요. 그때 아나콧마이당이 해산되고 헌법재판소가 정당과 당대표의 정치활동을 금지했고, 젊은 사람들이 이 시스템에 분노하면서 나왔죠. 군부에 대해서도 분노했고요. 아나콧마이당이 사람들의 희망을 대표했는데 분노한 거죠. 그러한 금지를 보고 리더들은 시위를 조직했어요. 사람들이, 아주 많은 사람들이, 수천 명의 사람들이 나와서 대학에서 시위를 조직한 것이죠.

그렇다면 까우끌라이당 해산 이후는요?

저는 사실 까우끌라이당의 의원 절반 정도는 너무 평범하다고 생각해요. 정당 지도부는 몇 명 안 되니까, 그렇지만 의원들은 아주 일반적이죠. 아나콧마이당은 아주 강하고 진보적이었죠. 까우끌라이는 괜찮았는데, 지금 쁘라차촌당은 솔직히 보수적이라 생각합니다. 5명 정도나 좀 급진적일까. 저는 형법 112조 사면에 관해서 그들과 이야기를 했는데, 저의 이야기를 뭐 듣지도 않았어요.

선생님의 생에 태국이 완전한 민주주의를 이룰 수 있을 것이라 보세요?

아마 어렵지 않을까요. 하지만 더 나아지는 것은 볼 수 있겠죠. 많은 것이 쌓이고 있고 과거에 비해서 발전하고 있습니다. 그래서 앞으로 발전하는 것은 볼 수 있겠죠.

사람들은 현재 침묵하고 있습니다. 앞으로의 전략이 있을까요?
까우끌라이당이 출범하고 사람들은 그 당의 방향을 따라갔죠. 길거리의 시위에 있던 사람들도 그 당과 함께 정당으로 많이 갔습니다.

선생님께서도 의회 정치에 신뢰를 보내시나요?
아뇨, 사실 지켜보고 있고 그냥 활용만 합니다. 만약 그들이 의회 체제에서 뭔가 얻을 수 없다면 나와서 싸워야죠. 정당 지도부의 문제는 그냥 시위자들을 유권자로 만든다는 것입니다. 예컨대, 그들은 많은 발전을 위해 법을 제안하죠. 그런데 의회가 그 법안에 투표를 안 한단 말입니다. 그러면 대체 시위를 하지 않을 이유가 어디 있습니까? 다음 선거를 위해서요. 시위가 많아야 들어줄 것 아닙니까? 다음 선거에서 이기기를 원한다면 많은 시위를 열고 정책에 대해 주장해야 합니다.

그럼 선거가 반복되고 변화가 누적된다면 더 나아진다는 것이죠?
그렇습니다. 그래서 시위와 집회가 필요합니다.

**여당과 야당에 각각 10점 만점의 점수를 주실 수 있나요? 10
점이 잘했다는 뜻입니다.**

여당에는 4점, 야당에는 5점이에요. 정부는 주요한 정책에
반응을 하고 있지 않아요. 최저임금도 그렇고 전자화폐도 제
대로 하고 있지 않아요. 그들이 선거 동안에 제시했던 공약
을 이행하지 않아요. 그리고 정치범 석방도 이루어지지 않았
고요. 반대파에는, 생각은 좋지만 아무 이행이 없으니 5점입
니다.

■ ■ ■

그렇게 인터뷰를 하고 저녁을 같이 먹자고 제안하시기에
따라갔다. 야외에 있는 태국식 고기구이집이었다. 같이 밥을
먹으면서 선생께서는 나에게 왜 태국 정치에 관심을 가지게
되었는지, 그리고 태국 학생 운동의 미래는 어떨 것 같은지
물었다. 나는 요즘 학생들이 절망과 좌절에 빠져 있는 것 같
다고 이야기했다. 물론 운동을 하고 싶고 시위에 나서고 싶
은 기분은 알겠지만 요즘과 같이 탄압받는 시대에 무엇을 할
수 있겠느냐고 했더니 선생께서도 동의하였다. 그래서 내가
앞으로 학생들이 "단기적으로는 분노하면서 장기적으로는
침묵하기(Long-term silence with short-term anger)"전략을 택

할 수도 있겠다고 했더니 선생께서는 고개를 끄덕이셨다. 장기적인 침묵에 어떤 투쟁이 뒤따를 것인가는 앞으로 지켜봐야 하겠다.

2025년 5월 25일, 인권을 위한 태국 변호사 모임(TLHR)이 페이스북에 업로드한 사진에서 인터뷰 대상자 중 두 명의 형법 112조 건에 대해 곧 공판이 진행된다고 밝혔다. 태국에 있었다면 그들과 함께하기 위해 나도 법원으로 갔을 텐데. 내가 할 수 있는 일이란 결국 그 글을 공유하고 지금 이런 상황이라는 것을 인터뷰로 옮기는 것밖에. 그래도 이걸 정리하기 위해 쏨욧 선생과의 인터뷰 내용을 다시 살펴볼 수 있어서 좋았다. 태국에는 분명 1973년과 1976년의 정신이 있다. 그리고 이를 계승하여 투쟁한다. 그들의 투쟁 정신을 응원하는 것도 좋지만 현실적으로 어떻게 연대할 것인가에 대한 고민이 필요한 시점이다. 앉아서 이렇게 글밖에 쓸 수 없는 사람으로서 연대의 목소리를 보탠다.

태국의 왕실 개혁 운동이 한국에 던지는 의미

태국의 왕실 개혁 운동은 민주주의에서 '금기'란 무엇인가를 되묻게 만든다. 과거 태국 사회에서 왕실은 비판조차 허용되지 않는 절대 영역이었다. 형법 제112조, 왕실모독죄는 그 신성불가침의 경계를 법으로 명문화했고 많은 이들이 그것을 넘는 순간 구속되거나 침묵을 강요받았다. 그러나 2020년, 젊은 세대는 그 침묵에 정면으로 도전했다. 왕실을 향한 질문이 사회의 전면에 등장한 것은 단지 제도 개혁 요구만이 아니었다. 그것은 민주주의가 끝내 도달해야 할 마지막 성역에 대한 물음이었다. 왕실에 대해 말할 수 있어야 비로소 민주주의가 성숙해진다는 그들의 인식은 한국 사회에도 중요한 질문을 던진다. 우리는 과연 여전히 말하지 못하는 영역을 안고 있는가? 최근에도 잔존하는 공산주의, 사회주의에 대한 혐오 혹은 금기, 5월 18일의 광주에 관한 가짜 뉴스, 정부의 방송 장악 등 한국 사회 안에도 침묵을 강요받는 사각

지대가 여전히 존재하는 것은 아닌지 묻게 된다.

태국에서 이러한 질문을 던진 주체는 분명했다. 바로 젊은 세대였다. 이들은 1985년 이후 태어난 세대로 M세대의 일부, Z세대, 알파 세대를 모두 포괄한다. 그들은 SNS에서 조직하고 말하며 행동하는 존재이다. 그들은 인터넷을 통해 다른 나라와 태국을 비교하였고 민주주의가 무엇인지 학습하였으며 군부 통치의 무자비함을 지켜보았다. 그들은 전통적인 조직 없이도 단시간에 거리로 모여들었고 짧은 구호와 상징으로 강력한 메시지를 던졌다.

그러나 그만큼 빠르게 흩어졌다. 그들이 믿는 정당에 대해 지지를 보내고 의회 제1당으로 만들었으나 보수주의자들의 방해로 좌절되었다. 그 이후, 정당과의 연결은 불안정했고 시위 조직은 오래 유지될 수 없었다. 태국의 젊은 세대는 새로운 정치의 언어를 만들어냈음에도 그 언어를 제도화할 플랫폼이 없었다. 이 경험은 한국의 젊은 세대에게도 중요한 시사점을 던진다. 정치에 냉소적이면서도 변화를 갈망하는 지금의 한국 청년들은 어디에 자신을 걸 수 있을까. 태국처럼 다시 거리로 나가는 것보다, 오히려 그 정치적 에너지가 의회 안으로, 제도 바깥에서 행정부와 국회를 감시하는 장치로 이어질 수 있는 길이 필요하다.

이 모든 과정을 가능하게 하는 조건 중 하나는 '기억'이다. 인터뷰의 내용에서 볼 수 있듯이 태국의 젊은 세대는

1973년, 1976년, 1992년의 피의 기억을 잘 알지 못하는 경우가 있다. 10월 6일 학살에 대해서도, 10월 14일 항쟁에 대해서도 학교는 가르치지만, 비판적인 사고를 바탕으로 토론을 하게 하지는 않는다. 운동의 역사가 단절되면 민주주의의 역사는 진보를 멈춘다. 그 역사의 공백이 반복될수록 사람들은 피로하고 무기력해진다. 한국은 5·18, 6월 항쟁이라는 민주주의의 기억을 비교적 온전히 제도화한 나라다. 여전히 가짜 뉴스가 양산되고 있으나 과거의 기억이 교과서에 수록되며 기념관이 세워지고 국가가 책임을 이야기하고 있다. 그러나 이러한 제도화 과정 역시 위태로울 수 있다. 민주주의와 헌정 체제를 흔드는 세력이 도처에 존재하기 때문이다. 정치적 망각이 반복되고 민주주의의 이름이 다시 위기를 맞는다면 기억의 뿌리부터 흔들릴 수 있다. 태국의 활동가들은 말한다. 기억하기 위해 싸워야 한다고.

기억하기 위한 싸움, 저항의 과정에서 우리는 한국과 태국이 민주주의를 지키기 위해 어떤 수단을 선택해왔는지 비교할 수 있다. 두 나라 모두 시민의 기억과 행동을 중심으로 민주주의를 지켜왔지만, 제도와 권력 구조의 차이는 그 저항의 방식에 차이를 만들어낸다. 두 국가의 차이는 권위주의화가 진행할 때 그에 대응하면서 사용할 수 있는 저항의 수단이 다르다는 것에 있다. 한국에서는 2024년 12월 3일, 대통령에 의한 불법 계엄과 내란을 마주하였을 때, 시민들이 나서서 군대의 진군을 막았고 군인들 역시 소극적인 임무 수행으로 민주주의를 지켰다. 또한, 그러한 행동을 바탕으로 국회의원들이 움직여 국회로 넘어온 계엄을 무효로 하는 투표를 진행하였고 가결되었다. 민주주의에서 권위주의화가 진행될 때는 시민의 직접적인 행동과 제도 모두 저항의 수단이 될 수 있다.[21]

그러나 태국의 경우에는 의회가 존재하지만, 헌법에서 내란 혹은 친위 쿠데타를 막을 방법이 없다. 쿠데타 세력은 그들의 정당성을 국왕을 통해서 얻는다. 쿠데타를 성공시킨 다음에는 국왕의 앞에서 머리를 조아리며 승인을 받는다. 또한, 그들 자신을 사면할 조항을 임시 헌법에 꼭 넣는다. 2014년 쿠데타에 대해서도 현행 헌법 48조에 그들의 행위에 대한 사면을 가능하게 하는 조항이 포함되어 있다.[22] 결국 시민들의 선출 권력이 왕실과 군부의 밀월 관계를 한 축으로 하는 권력으로부터 존중받지 못하고 있다는 것에 문제가 있다고 볼 수 있다. 왕실-군부와 선출 권력의 평행선은 저항의 수단을 한정하게 만든다. 의회는 저항의 수단이 되기에는 한계가 너무 뚜렷하다. 따라서 유일한 방법은 거리의 시위 조직이었다. 사람들은 자신이 지지했던 정당이 헌법재판소에 의해서 해산이 되자 2020년 모두 거리로 나섰다.

한국에서는 제도와 시민의 직접 참여가 모두 저항의 수단이 될 수 있지만, 이번 계엄 사태를 통해서 한국의 민주주의도 결코 튼튼하고 안전하지 않다는 사실을 확인하였다. 시민들과 군인들이 나서지 않았다면 국회의원들이 계엄을 해제하는 투표를 진행하지 못하였을 수도 있다. 따라서 제도를 믿고 기다리는 것도 필요하지만 시민들의 행동이 언제나 함께여야 한다는 사실을 한국과 태국의 사례를 통해서 알 수 있다.

한국 시민들이 보여준 모습은 민주주의가 제대로 작동하고 있는지, 만약 작동하지 않는다면 선제적으로 다 함께 나서서 헌정 체제와 민주주의를 수호하여야 한다는 의미를 준다. 인터뷰 대상자들도 이야기하는 것처럼 결국 시민의 정치 참여와 시위가 민주주의 변화의 시작이다. 집회를 일상화하고 그에 따른 정치 참여를 지속할 때 정치인을 바꿀 수 있고 변화를 도모할 수 있기 때문이다.

한국은 1980년과 1987년을 지나며 시민의 항쟁이 민주주의를 이끌어왔음을 확인하였다. 민주화가 진행된 이후에도 한국 정치에서의 양극화를 경험하며 권위주의화 또한 겪었다. 결국 이러한 권위주의화를 막을 수 있는 것도 시민 대중의 적극적인 참여라는 점을 확인할 수 있다. 태국의 대중 역시 끝까지 살아남아 민주화를 고민하는 것처럼 한국의 시민들도 역시 끊임없이 민주주의의 질에 대해 치열하게 고민하여야 한다.

마지막으로, 태국 민주주의 수호 운동은 초국가적으로

이루어질 수 있다는 점을 시사한다. 중국 정부에 의한 홍콩의 권위주의화, 미얀마 군부에 의한 권위주의화, 태국의 권위주의화에 대해서 다 함께 연대하고 활동할 필요가 있으며 이미 이루어지고 있다. 대표적인 예로 밀크티 동맹(milk tea alliance)을 들 수 있다.[23] 윤석열 전 대통령의 탄핵을 계기로 한국 민주주의가 회복탄력성을 보인다면 이제는 이 회복의 경험을 바탕으로 다른 국가들의 민주주의 위기에도 관심을 기울여야 한다. 그리고 미래에 한국 민주주의가 다시 위기를 맞이할 때, 이웃 국가 시민들과의 연대는 민주주의를 지키는 또 하나의 수단이 될 것이다. 동아시아의 맥락에서 민주주의를 초국가적으로 사유할 때, 우리는 더 넓은 지평에서 민주주의를 수호하고 재구성할 수 있다.

닫는 글

이 책을 쓰기 전에 고민을 많이 했다. 태국에서 내가 발견한 활동가들의 좌절과 희망의 양가감정을 어떻게 전달하는 것이 맞을까. 개혁 정당이라고 앞섰던 까우끌라이당에 대해 이렇게 비판적인 목소리를 내는 것이 맞을까. 여러 고민에도 불구하고 이 책을 완성하기로 마음먹은 이유는 바로 활동가 친구들의 앞날이 그다지 밝지 않기 때문이다. 요즘은 정말 왕실모독죄로 조사를 받아 지쳐가며 결국 갇히든지, 아니면 망명을 떠나든지 이런 선택지밖에 남지 않았기 때문이다. 쁘라차촌당은 까우끌라이당이 해산되고 재건된 이후부터 왕실 개혁에 대한 이야기를 하나도 하고 있지 않다. 그리고 2025년 2월 15일 일간지 마띠촌의 보도에 따르면 국가부패방지위원회는 형법 112조 개정에 찬성한 전현직 까우끌라이당 의원 44명을 소환하였다.[24]

관심이 없는 것이 아니라고 항변할 수도 없겠지만 의회 정치에만 신경을 쓴다면 활동가들의 기반이 위태로워진다는 사실을 직시해야 한다. 쁘라차촌당 정치인들은 2020년의 타나턴과 같이 시위를 진작하는 활동을 하고 있지 않다. 최근 패텅탄 총리에 대한 불신임안을 제출할 때에도 군부 정당과 연대하는 모습을 보였다. 정치에 아무리 영원한 적군과 아군이 없다지만 다음 총선을 이겨도 제대로 왕실 개혁에 대한 목소리를 내지 못할 가능성이 크다. 이러한 내용은 인터뷰를 통해서 본 활동가들의 대답에서 확인할 수 있었다.

이후 태국 정치는 더욱 격랑에 휘말렸다. 탁신 친나왓의 딸, 패텅탄 "웅잉" 친나왓이 총리가 되었으나 태국-캄보디아 국경 문제와 관련하여 패텅탄이 훈센 캄보디아 상원 의장과 통화하면서 자국군에 대해 험담한 사실이 드러났다. 이는 파문으로 번졌고 헌법재판소는 패텅탄 총리의 파면을 결정했다. 다음 총리 지명을 둘러싸고 기존 집권당인 프어타이당과 보수 정당인 품짜이타이당이 쁘라차촌당을 포섭하고자 하였다. 쁘라차촌당은 품짜이타이당과의 연합을 선택하였고 그 결과 품짜이타이당의 대표인 아누틴 찬위라꾼이 총리로 취임하였다. 활동가들은 쁘라차촌당에 대한 양가적인 감정을 이어가고 있다. 보수주의 정당과 손을 잡은 것에 대해서는 배신감을 느끼지만 동시에 종국에 개혁의 목소리를 지원할 정당은 쁘라차촌당이 유일할 것이기 때문이다.

그러나 오렌지 정당을 비판하기 이전에 태국 정치의 기저에 있는 구조를 비판하여야 한다. 오렌지 정당이 시위로부터 거리를 둔 것도 있지만 결국 왕실모독죄를 위시한 태국의 정치적 구조가 상황을 이렇게 만들었기 때문이다. 어떠한 결과에 절대적인 원인은 없다. 현재 시위가 줄어든 원인은 오래 지속된 왕실모독죄의 영향과 코로나가 개선되면서 사람들이 모두 일상으로 돌아갔기 때문이면서 동시에 쁘라차촌당이 길거리보다는 의회 정치에만 신경 썼다는 복합적인 원인 때문이다.

이 책은 활동가들의 목소리를 담고 있지만, 정당과 대중 사이의 거리에 관한 목소리는 오렌지 정당의 내부에서도 발견할 수 있다. 캐나다의 태국인 학자 아카닛 허랏따나쿤은 쁘라차촌당의 중간 간부들과 면담을 진행하면서 그들의 불만을 발견하였다. 2019년 총선 이후 많은 활동가들이 오렌지 정당으로 진입하였지만 사실상 대중, 활동가들과 정당의 거리가 점점 멀어지는 것이다. 상층부의 일부 정치인들 의견에 좌지우지되고 그들이 의회 정치에만 집중하면서 활동가들과 거리가 멀어진 것이다.[25] 이러한 연구가 이 책의 인터뷰와 연결이 되는 것을 확인할 수 있다. 정당과 활동가들의 거리가 멀어진 것은 비단 활동가들만 내뱉는 불만의 소리가 아니라는 것이다.

태국 정치 구조에 대한 활동가들의 분노, 오렌지 정당에 대한 분노, 탁신에 대한 분노를 넘어서 앞으로 그들의 미래는 어떨 것인가? 활동가들은 자신의 미래가 어떨지 모르겠다고 말한다. 조사를 받으며 지쳐가는 그들, 그리고 망명을 떠나는 이들의 마음은 다르겠지만 다 똑같이 복잡할 것이다. 그들이 사랑하는 조국의 민주주의를 위하여, 미래를 위하여 고민하는 것들이 꺼져가는 것같아 안타까운 마음이 가득할 것이다. 조사받고 있는 활동가들은 현재 법조인 단체의 도움을 받아 버티고 있다. 인권단체도 모두 법원을 다니며 재판 과정을 모니터링하고 있다. 해외에서는 망명자들을 중심으로 태국 정치 단체를 만들어 모금을 하고 수감 중인 학생과 활동가를 지원하는 사업을 전개하고 있다. 결국 긴 호흡으로 버틸 준비를 하는 것이다. 단기적으로 생각하기보다는 긴 시간을 두고 어떻게 살아남을 것인가를 고민하고 있다. 나는 그런 고민이 가득한 여러 인터뷰를 전달하고 싶었다. 태국의 민주주의 활동가들에게는 체념과 좌절이 있지만 동시에 그들은 미래에 대해서 고민을 하며 생존을 위해 사투를 벌이고 있다고 말이다.

태국에서 떠나기 며칠 전 마지막으로 인권단체 친구와 점심을 먹으며 이야기를 나누는데, 갑자기 그 친구가 나에게 "네가 생각하기에 미래가 어떨 것 같느냐"고 물었다. 나는 거기에 답을 하지 못했다. 어떻게 답할 수 있겠는가. 예측의 불가능을 떠나서 활동하고 있는 사람들의 고뇌를 타지에서 온 내가 재단하는 것이 맞는가 싶기도 했다. 그래서 나는 미래가 어떻게 될지 알 수 없다고 말하면서도 동시에 내가 관찰한 태국을 세상에 전달하는 것이 우선이라고 생각한다고 말했다. 그래서 이렇게 한국에 돌아왔고, 책을 쓰게 되었다. 이렇게 목소리를 보태면서 감옥에 있거나 망명을 간 나의 벗들, 그리고 태국 내에서 여전히 사투를 벌이고 있는 이를 위해 연대의 지지를 보낸다.

주

1   한유석. 2020. "태국 2019: 군부 중심의 연정체제 확립과 고령
    화 현상의 가속." 『동남아시아연구』 30(1): 139.

2   김홍구 · 이미지. 2021. "태국 2020: 의심받는 '타이식 민주주
    의'와 정치과정의 변화." 『동남아시아연구』 31(1): 85.

3   대외경제정책연구원. 2024. "2024년 태국 관광산업 정보." 1월
    31일. https://www.kiep.go.kr/aif/businessDetail.es?brdctsNo=3
    61069&mid=a30400000000&systemcode=03(검색일: 2025년 4
    월 21일)

4   옹지인. 2022. "헌법과 승가법의 개정을 통한 세속 권력의 종
    교 개입." 『한국태국학회논총』 28(2): 241.

5   이에 대해 국내 태국 정치 연구의 거두인 부산외대 김홍구 명
    예교수의 의견을 살펴볼 수 있다. 아세안 익스프레스. 2023.
    "김홍구 총장 '태국 국왕, 어느 때보다 강하다… 왕실 생존이 1
    순위." 10월 21일 참조.

6   Lertchoosakul, Kanokrat. 2021. "The Paradox of the Thai
    Middle Class in Democratisation." *TRaNS: Trans-Regional
    and-National Studies of Southeast Asia* 9(1): 65-79.

7   Chanrochanakit, Pandit. 2020. *Contemporary Thai Politics.*
    Bangkok: KPI. [태국어 자료] 참조.

8 한겨레. 2021. "왕이 '민주주의 영웅' 되자, 국민 머리는 땅바닥에 닿았다." 1월 23일 참조.

9 네트워크 왕실(Network monarchy) 개념에 대해서는 McCargo, Duncan. 2005. "Network monarchy and legitimacy crises in Thailand." *The Pacific Review* 18(4): 499-519를 참조.

10 Chambers, Paul. 2024. "Assessing the Political Clout of Thailand's 'Monarchized' Military in 2023." *Asian International Studies Review* 25(1): 1-29.

11 한유석. 2020. "태국 2019: 군부 중심의 연정체제 확립과 고령화 현상의 가속." 『동남아시아연구』 30(1): 133-156.

12 2023년 총선 결과에 대한 분석은 이미지. 2024. "2023년 태국 총선: 탁씬파 주도 연립정권의 탄생과 군부와의 연합." 『한국태국학회논총』 30(2): 69-94 참조.

13 McCargo, Duncan. 2021. "Disruptors' dilemma? Thailand's 2020 Gen Z protests." *Critical Asian Studies* 53(2): 180.

14 BBC. 2025. "'A long fight full of tears': Why Thailand became a haven for LGBT couples." (January 21).

15 일례로, 민주주의 질을 측정하는 프리덤하우스는 2024년에 태국에서 선거가 문제없이 치루어졌고 야당이 집권했다는 이유로 자유롭지 않음(Not Free)에서 부분적으로 자유로움(Partly Free)으로 격상하였다. 그러나 위구르 난민의 사태가 발생하고 까우끌라이당이 해산되면서 2025년 다시 자유롭지 않음으로 격하되었다.

16 Matichon Online. 2025. "เช็กชื่อ 44 ส.ส.ก้าวไกล หากโดนฟันยืนแก้

112 ใครปลิวทนที–เขตไหนเลือกตั้งซ่อม... อ่านข่าวต้นฉบับได้ที่ " https://www.matichon.co.th/politics/news_5051443 (검색일: 2025년 2월 20일).

17 Haberkorn, Tyrell. 2018. "Dictatorship, Monarchy, and Freedom of Expression in Thailand." *The Journal of Asian Studies* 77(4): 935–943.

18 KBS. 2023. "태국 법원, 왕실모독죄 기소 대학생 '한국 유학' 허용." 7월 24일.

19 탈루가즈에 대해서는 https://dindeng.com/thalugaz-interview/에 수록된 인터뷰를 살펴보면 더 자세히 알 수 있다.

20 박은홍. 2024. "'따이툰 정치' 종식 향한 태국 청년 정치의 힘겨운 투쟁." 오마이뉴스, 10월 8일.

21 Tomini, Luca, Suzan Gibril, and Venelin Bochev. 2024. "Standing up against autocratization across political regimes: a comparative analysis of resistance actors and strategies." *Democratization* 30(1): 119–138.

22 Haberkorn, Tyrell. 2024. *Dictatorship on trial: Coups and the future of justice in Thailand.* Stanford: Stanford University Press.

23 밀크티 동맹의 활동의 의의에 대해서는 김주영. 2021. "#MilkTeaAlliance: 온라인 반권위주의 동맹의 함의와 국제연대의 가능성."『아세아연구』 64(3): 161–195.

24 Matichon Online. 2025. "เช็กชื่อ 44 ส.ส.ก้าวไกล หากโดนฟ้นยืนแก้ 112 ใครปลิวทนที–เขตไหนเลือกตั้งซ่อม... อ่านข่าวต้นฉบับได้ที่ " https://www.matichon.co.th/politics/news_5051443 (검색

일: 2025년 2월 20일).

25 Horatanakun, Akanit. 2024. "Thailand's deinstitutionalised democracy movement." *New Mandala* 23 December.

참고문헌

김홍구. 2013. "태국의 탐마라차와 테와라차 특성 비교: 정치적 정통성과 효율성을 중심으로."『동남아연구』22(3): 195-236.

_____. 1996. "태국불교와 정치적 정통성."『동남아시아연구』4: 57-92.

김홍구 · 이미지. 2019. "태국 2018: 군부의 '불완전한' 민간정부 복귀를 위한 막바지 준비."『동남아시아연구』29(2): 127-159.

김홍구 · 이미지. 2021. "태국 2020: 의심받는 '타이식 민주주의'와 정치과정의 변화."『동남아시아연구』31(1): 81-112.

박은홍. 2024.『불복종의 정치학』. 파주: 드레북스.

서지원. 2025. "태국 2024: 탁신의 귀환과 2027년의 기약."『동남아시아연구』35(1): 127-158.

_____. 2014. "사면은 언제나 평화를 낳는가? 1973년 이래 태국의 정치변동과 과거청산에 관한 연구."『아태연구』21(3): 83-118.

옹지인. 2022. "헌법과 승가법의 개정을 통한 세속 권력의 종교 개입."『한국태국학회논총』28(2): 241-272.

이미지. 2024. "2023년 태국 총선: 탁씬파 주도 연립정권의 탄생과 군부와의 연합."『한국태국학회논총』30(2): 69-94.

이정우. 2024. "태국 MZ세대의 SNS 활용, 경제 상황에 대한 비관이 정치적 관심에 미치는 영향." 『동아연구』 43(2): 193-231.

_____. 2023. "태국의 세대 정치: 세대의 차이와 유권자의 정치적 관심." 『동남아시아연구』 33(4): 85-121.

한유석. 2020. "태국 2019: 군부 중심의 연정체제 확립과 고령화 현상의 가속." 『동남아시아연구』 30(1): 133-156.

현시내. 2024. "민주화를 위한 과거와의 대화: 태국의 1973년과 2023년." 『동아연구』 43(1): 143-178.

Anckar, Carsten. 2021. "Constitutional monarchies and semi-constitutional monarchies: a global historical study, 1800-2017." *Contemporary Politics* 27(1): 23-40.

Baker, Chris, and Pasuk Phongpaichit. 2022. *A History of Thailand (Fourth Edition)*. Cambridge: Cambridge University Press.

Chachavalpongpun, Pavin. 2025. "Dissent form a Distance: Rising Political Activism of Young Thai Diasporas." *Journal of Current Southeast Asian Affairs* 44(2): 313-337.

_____. 2022. "Kingdom of Fear: Royal Governance under Thailand's King Vajiralongkorn." *Journal of Current Southeast Asian Affairs* 41(3): 359-377.

Chambers, Paul. 2024. "Assessing the Political Clout of Thailand's 'Monarchized' Military in 2023." *Asian International Studies Review* 25(1): 1-29.

Englehart, Neil. 2003. "Democracy and the Thai Middle Class: Globalization, Modernization, and Constitutional Change." *Asian*

Survey 43(2): 253-279.

Fong, Jack. 2009. "Sacred Nationalism: The Thai Monarchy and Primordial Nation Construction." *Journal of Contemporary Asia* 39(4): 673-696.

Jatusripitak, Napon, and Jacob Issac Ricks. 2024. "Age and Ideology: The Emergence of New Political Cleavages in Thailand's 2566 (2023) Election." *Pacific Affairs* 97(1): 117-136.

Haberkorn, Tyrell. 2024. *Dictatorship on Trial: Coups and the Future of Justice in Thailand.* Stanford: Stanford University Press.

_____. 2018. "Dictatorship, Monarchy, and Freedom of Expression in Thailand." *The Journal of Asian Studies* 77(4): 935-943.

Hewison, Kevin. 2014. "Considerations on inequality and politics in Thailand." *Democratization* 21(5): 846-866.

Hewison, Kevin, and Kengkij Kitirianglarp. 2010. "Thai-Style Democracy: The Royalist Struggle for Thailand's Politics."in Soren Ivarsson and Lottee Isager (eds.) *Saying the Unsayble: Monarchy and Democracy in Thailand.* Copenhagen: NIAS Press. 179-203.

Horatanakun, Akanit. 2024. "The Network Origin of Thailand's Youth Movement." *Democratization* 31(3): 531-550.

_____. 2024. "Thailand's Deinstitutionalised Democracy Movement." *New Mandala.*

Hyun, Sinae. 2023. *Indigenizing the Cold War: The Border Patrol*

Police and Nation-Building in Thailand. Honolulu: University of Hawaii Press.

Kongkirati, Prajak. 2019. "From Illiberal Democracy to Military Authoritarianism: Intra-elite Struggle and Mass-based Conflict in Deeply Polarized Thailand." *The ANNALS of the American Academy of Political and Social Science* 681(1): 24-40.

Laohabut, Thareerat, and Duncan McCargo. 2024. "Thailand's Movement Party: The Evolution of the Move Forward Party." *Journal of East Asian Studies* 24: 25-47.

Larsson, Tomas, and Stithorn Thananithichot. 2023. "Who votes for virtue? Religion and party choice in Thailand's 2019 election." *Party Politics* 29(3): 501-512.

Lertchoosakul, Kanokrat. 2024. "The White Ribbon movement and its achivement in uprooting the conservative Thai state." *Handbook of Youth Activism*. Northampton: Edward Elgar Publishing. 366-381.

_____. 2020. "Thailand in 2019: The Year of Living Unpredictably." *Southeast Asian Affairs* 2020: 336-354.

_____. 2021a. "The White Ribbon Movement: High School Students in the 2020 Thai Youth Protests." *Critical Asian Studies* 53(2): 206-218.

McCargo, Duncan. 2005. "Network Monarchy and Legitimacy Crises in Thailand." *The Pacific Review* 18(4): 499-519.

_____. 2021. "Disruptors' Dilemma? Thailand's 2020 Gen Z Protests." *Crtical Asian Studies* 53(2): 175-191.

McCargo, Duncan, and Anyarat Chattharakul. 2020. *Future Forward: The Rise and Fall of a Thai Political Party*. Copenhagen: NIAS Press.

Meesuwan, Sanyarat. 2016. "The Effect of Internet Use on Political Participation: Could the Internet Increase Political Participation in Thailand?" *International Journal of Asia-Pacific Studies* 12(2): 57-82.

Nethipo, Viengrat, Noppon Phon-Amnuai, and Hatchakorn Vongsayan. 2023. "Disrupting the Grip: Political Dynasties and Thailand's 2023 General Elections." *Contemporary Southeast Asia: A Journal of International and Strategic Affairs* 45(3): 364-371.

Ockey, James. 2019. "Order and Chaos: Military Government and the Middle Classes in Thailand." in Ratuva, Steven, Radomir Compel, and Sergio Aguilar (eds.). Guns & Roses: Comparative Civil-Military Relations in the Changing Security Environment. London: Palgrave Macmillan. 153-177.

Pankaew, Attasit, and Stithorn Thananithichot, and Wichuda Satidporn. 2022. "Determinants of Political Participation in Thailand: An Analysis of Survey Data (2022-2014)." *Asian Politics & Policy* 14(1): 92-113.

Ricks, Jacob Issac. 2019. "Thailand's 2019 Vote: The General's Election." *Pacific Affairs* 92(3): 443-457.

Sattayanurak, Saichol. 2023. "The Thai Middle Class and the Dynamics and Power of Conserative Ideology in Thai Society and Politics." *Southeast Asian Studies* 12: 43-104.

Sinpeng, Aim. 2024. "Social Media and the DIY Politics in Thailand's 2023 Election." *Pacific Affairs* 97(1): 99-116.

_____. 2020. *Opposing Democracy in the Digital Age: The Yellow Shirts in Thailand*. Ann Arbor: University of Michigan Press.

Sombatpoonsiri, Janjira. 2023. "A lot of people still love and worship the monarchy: How polarizing frams trigger countermobilization in Thailand." *Journal of Peace Research* 60(1): 88-106.

Sripokangkul, Siwach, Charles David Crumpton, and John Draper. 2023. "Restricting Democratic Choice in Thailand's 2019 Election: 'Retrograde' and 'Sophistocated' Authoriatarianism." *TRaNS: Trans- Regional and -National Studies of Southeast Asia* 11(1): 71-87.

Teeratanabodee, Wichuta. 2025. "Thailand's 2020-2021 pro-democracy protests: Diversity, conflict, and solidarity." *Journal of Contemporary Asia* 55(1): 3-27.

Teeratanabodee, Wichuta and Jeffrey Wasserstrom. 2024. "Why History is Repeating Itself in Thailand." *Journal of Democracy Online Exclusive*.

Thananithichot, Stithorn. 2011. "Understanding Thai Nationalism and Ethnic Identity." *Journal of Asian and African Studies* 46(3): 250-263.

Winichakul, Thongchai. 2008. "Nationalism and the Radical

Intelligentsia in Thailand." *Third World Quarterly* 29(3): 575–591.